届く! 刺さる!! 売れる!!!

キャッチコピーの極意

弓削 徹
YUGE TORU

CATCH
COPY NO
GOKUI

はじめに

ウェブの活用や1人経営のビジネススタイルが増えたことで、お店や会社のキャッチコピーを自分で書く人が増えてきました。しかし、思ったような反応がなく、「どうすればいいのか」という相談をよく受けます。

なぜ結果が出ないのでしょう?

それは、キャッチコピーを読んだお客様の心に「買う理由」が生まれていないからです。

アップルの創業者スティーブ・ジョブズは、デザインやマーケティングのセンスのよさで、同社を世界有数のブランドへと成長させました。

では、ジョブズ氏がiPodの発表プレゼンテーションに登壇し、新製品を紹介したときのフレーズは、次のどちらだったか考えてみてください。

(a) 大容量5GBです!

(b) 1000曲を持ち歩ける!

正解は、もちろん「1000曲を持ち歩ける」ですね。

仕様である5GBでも製品の性能のよさをアピールできますが、デジタル知識が乏しい人にはピンときません。ところが、「1000曲」と聞くと、『えっ？ 1枚のCDに10曲くらい入っているとして……、100枚分近いってこと？ すごい！』となります。

多くのユーザーが、購入後のメリットを明解にイメージできたに違いありません。

次は、ユニークなテレビ通販スタイルで知られる「ジャパネットたかた」です。同社の髙田元社長は、デジカメを販売するとき、何と言って紹介したでしょうか？

(a) 3000万画素の超高画質ですよー！

(b) ほら、大きく引き延ばしてポスターにしてもキレイでしょ！

(c) 将来、お子さんが大人になったときにはね、自分の子ども時代よりも、若かったときのご両親の写真を見たいものなんですよね……

正解は、「すべて言った」です。すみません。

（a）は基本スペックの紹介ですから、言わないわけにはいかない。

でも（b）は、ビジュアルでわかりやすく訴える、ジャパネットらしいアピールになっています。

さらに（c）にいたっては、自分の両親を思い出して、胸にぐっときてしまう人もいるのではないでしょうか。親子の情愛や家族の歴史というものにまで思いをいたした、秀逸なセールストークです。

デジカメ市場はスマホの普及により縮小してしまったので、改めてニーズを掘り起こさなければなりません。そこで、ちゃんとカメラで写真を撮ってプリントして残すことの意義を、人の心に響くコピーでさらっと提示したのです。

ジョブズの例では、商品の機能やスペックをそのまま伝えるのではなく、お客様にとっての「便利さや魅力」に言い換えて訴えたほうが有効だということがわかります。

そして髙田元社長の例では、商品の魅力の先にある「もっと深い値打ち」を訴えると有効だということがわかります。

今、ネットで見かけるキャッチコピーや、家のポストに投げ入れられたチラシに書かれている宣伝文句は、どんなものでしょうか？

「言葉遊び」や「カッコいいだけの一文」、あるいは、「有名企業のキャッチコピーから商品名を替えただけのもの」ばかりではありませんか？

パターンをマネて書くだけのノウハウがネットなどで出回り、目にするキャッチコピーが、どれもこれも同じ調子になってしまっているのです。

もう、大手企業の形だけをマネたり、パターン集に当てはめただけのキャッチコピーで売れる時代ではありません。「買う理由」が入っていなくては、その文章は実弾が込められていない空砲のようにむなしく響くだけです。

本当に私たちが考えなければならないのは、商品の「どの魅力」を表現するか、です。

中小企業でも、店舗や1人経営のスモールビジネスでも、かなりの部分でその成否をわけるのはキャッチコピーを書けるかどうかです。

この「書ける」とは、カッコいい一文や言葉遊びを思いつくことではなく、**商品やサービスの本当のウリをつかみとって言葉にできる**ことを指しています。

YouTubeに、路上に座り込んで物乞いをする盲目の人の様子を描いた動画があります。彼が提示するサインボードには、

「I'M BLIND PLEASE HELP」
（盲目です、お恵みを）

と書かれていました。しかし、なかなか小銭を置いてくれる人はいません。でも、そこに通りかかった女性がそれを書き換えると、数倍の勢いで置かれるようになります。

「IT'S A BEAUTIFUL DAY AND I CAN'T SEE IT.」
（素敵な一日ですね、でも私には見えないのです）

——どんなビジネスも、コミュニケーションも、言葉一つで加速します。

今、あなたが手にとったこの本は、1万人以上が受講している人気セミナーの内容をも

とに書籍化したものです。日頃、文章を書き慣れない人でも、プロのコピーライターのようにに書けるようになるメソッドの集大成です。

効き目のあるキャッチコピーを書くことは決して難しくはありません。大手企業のイメージ広告に見るような、文学的キャッチコピーを目指す必要はないのです。

大切なのは、商品を必要としてくれるお客様の気持ちを思うことだけ。**「誰に・何を・どう言うか」、このシンプルな問いに答えていけば、お客様の「買う理由」を引き出すことができます。**

これまで私は、コピーライターとしてテレビCM、新聞広告から、街の小さな洋菓子店のPOPまで、ありとあらゆる「売る言葉」を書いてきました。また全国の商工会議所や支援先企業を訪問し、そのノウハウを伝えてきました。目覚めている時間のほとんどを、お客様に届く言葉とは何かを明らかにするために使ってきたと言ってもいいくらいです。

本書のノウハウを生かし、中小企業や店舗、ウェブショップの方たちに、本質に触れるキャッチコピーを書いていただき、ビジネスを成功に導いてほしいと願っています。

弓削 徹

届く! 刺さる!! 売れる!!! キャッチコピーの極意●もくじ

はじめに

第1章 「買う理由」を打ち出せば売上は劇的に変わる!

1 キャッチコピーを変えたら売上14倍!……18
2 考えるのは「誰に・何を・どう言うか」だけ……20
3 キャッチコピーには具体的な役割がある……23
4 みんなターゲットがわからない!?……26
5 絞り込むからお客様に刺さる……31
6 お客様は「悩み・課題・状況」で絞り込む……34
7 独自のウリを書かなければお客様は振り向かない……36
8 機能や特長をキャッチコピーに書いてはいけない……39
9 「ニーズ・ウォンツ・セツジツ」で本当の値打ちに迫る……43

第2章 「買う理由＝ウリ」を見つける方法

1 お客様が切実に欲しがってくれるウリは何？……48
2 ウリを見つける5つの自問自答……54
3 ウリが弱ければウリをズラせばいい……57
4 弱みですらウリに転化できる8つの視点……60
5 こういうのは残念ながらウリじゃありません……69
6 業界では当たり前のウリも先に言った者勝ち……72
7 見つけたウリの魅力度はこう調べる……75

第3章 ウケるキャッチコピーには強い言葉がある

1 強い言葉があれば売れる・広がる・記憶される……82
2 肝心な言葉を強い言葉に言い換える……85

3 強い言葉① 具体的な数字……88
4 強い言葉② オノマトペ……91
5 強い言葉③ 感情に触れる言葉……94
6 強い言葉④ 初耳の言葉……98
7 強い言葉⑤ お悩み・課題ワード……102
8 強い言葉⑥ ギャップのある言葉……104
9 強い言葉⑦ 方言……106
10 強い言葉⑧ 新語・流行語……108
11 強い言葉⑨ 決まり文句……110
12 「普通の言葉」と「強い言葉」の言い換えルール……113
13 強くて気になる言い回しを使う……117

第4章 当てはめるだけでどんどん書ける「31の表現パターン」

1 質問する……122
2 名指しする……124
3 実績を語る……126
4 手軽さをアピールする……129
5 非常識で目立つ……131
6 限定する……134
7 擬人化する……137
8 希少性を訴える……139
9 お客様の声を代弁する……141
10 だじゃれにする……143
11 ドラマ調で行く……147
12 何かに例える……150

13 行動の矛盾をつく……152
14 危機感をあおる……155
15 必要性に気づかせる……157
16 意外な事実を言う……160
17 時流に乗る……162
18 リズム感を出す……165
19 対比させる……168
20 ソンしたくないと思わせる……171
21 オファーを提示する……173
22 お墨付きをもらう……176
23 ズバリ断定する……179
24 小出しにする……181
25 弱点を明かす……183
26 天国か地獄を見せる……186

27 役立つ情報を言う……188
28 選び方を提示する……190
29 記号を使う……193
30 提案する……194
31 最も役立つシーンを言う……196

第5章 やってはいけないNGコピー

1 強い言葉不在型……200
2 抽象型……202
3 大企業病型……204
4 評論型……206
5 横並び型……208
6 専門型……210

7 遠い親戚型……212
8 新しい習慣型……215

第6章 効くキャッチコピーの選び方と使い方

1 お客様を動かすコピーを選ぶ7つの視点……218
2 ササるボディコピーをサクッと書く方法……221
3 売れる言葉のセットを武器として用意する……229
4 お客様を呼び込む企業スローガン……232
5 商品ライフサイクルを考慮する……235
6 右脳商品か？ 左脳商品か？……238
7 漢字？ ひらがな？ それともカタカナ？……240
8 「、」と「。」の入り方も気になる……243

第7章 ウェブサイトで伝わるコピーライティング

1 「流し見メディア」のウェブで読まれる方法……246
2 リスティング広告のキャッチコピー……249
3 ランディングページはこの流れで書く……253
4 インスタ映えするキャッチコピーとは？……258
5 指名検索されることを意識する……261
6 指名検索から見た避けるべきネーミング……263

おわりに

●カバーデザイン（大場 君人）

第1章

「買う理由」を打ち出せば
売上は劇的に変わる！

1 キャッチコピーを変えたら売上14倍！

群馬県で機能性インソールをつくっているＢＭＺという会社が、女性向け製品を販売する目的で百貨店に※ポップアップ出店したときのことです。（＊期間限定ショップ）足のアーチをしっかりと上げることのできる同社のインソールは、オリンピックのメダリストやＪリーガーも使用している製品なのですが、当初はネットや店頭で思ったほどは売れていませんでした。この百貨店でも、６日間の売上金額は約15万円でした。使っていたキャッチコピーは、「重力を最大限に利用する。」、「限界への挑戦がはじまる。」というもの。正直、わかりづらい。

そこで、メリットを前面に出した、女性ターゲットにもわかりやすいキャッチコピーに変えることを提案。さらに、機能性を裏づけ、製品を定義するフレーズとして、あえて未知のキーワード「立方骨」を使いました。

●重力を最大限に利用する。
●限界への挑戦がはじまる。
●BMZインソールを使うと 疲れにくい、ころびにくい、姿勢がよくなる！ ←
●立方骨で足アーチを守る特許インソール、BMZ。

これに図解を足した大型パネルを用意して、百貨店の別店舗にリベンジ出店。すると、パネルを見たお客様がひっきりなしに来店してくれるようになりました。

足の疲れや足腰にお悩みを抱えた中高年の女性が列をつくり、「立ち仕事なので疲れるんです」、「外反母趾にいいのはどれ？」と、ニーズを打ち明けてくれる。そうした空間が、キャッチコピーを変えたことでできあがったのです。

そして売上金額は、同じ6日間で約212万円を記録しました。なんと前回の14・1倍です。間違いではないかと二度、確認してしまいました。

こうした生の反応がドシン！と返ってくるのが店頭です。お客様から近寄ってきてくれる1行のキャッチコピーがあるかないかで、成否は決まるのです。

2 考えるのは「誰に・何を・どう言うか」だけ

そもそも「商品が売れない」と悩むとき、その原因は3点に整理することができます。

一つ目は、**ターゲットを間違えている「人違い」**。商品を欲しがってくれる相手を間違えていては売れるはずがありません。

二つ目は、**ウリを間違えている「見立て違い」**。あなたの商品、サービスが選ばれる理由を見誤っていれば、ビジネスは成立しないでしょう。

最後は、**ウリを伝える言葉やキャッチコピーを間違えている「言い間違い」**です。ここに課題を感じているからこそ、あなたも本書を手に取ってくれたことと思います。

この3点を別の言葉で言うと、そのままキャッチコピーのキモになります。すなわち、「誰に・何を・どう言うか」。「誰に」とは、買ってくれるお客様。「何を」とは、買う理由となるウリ。「どう言うか」とは、キャッチコピーの書き方、表現の仕方です。

キャッチコピー＝誰に＋何を＋どう言うか

当たり前のことを言っていると思われるかもしれません。

しかし、キャッチコピーを書き慣れていない方や新人のコピーライターに、「この商品のキャッチコピーを書いて！」と頼むとどうなるか。

商品名や周辺の言葉をなんとなくピックアップして、「言葉遊びにできないかな」、「おもしろいだじゃれはないかな」、「カッコいい言い方、あるかな」と、「どう言うか」のことばかり考えてしまうのですね。

その結果できあがるのは、他社の商品に使ってもいいような、差別性の薄い失敗キャッチコピーというわけです。

キャッチコピーでとくに大切なのは「誰に・何を」のところ。

ウチの商品を最も切実に必要としてくれるのはどんな人なのか。そして、その人に伝えるべきメリットや効果は結局、何なのか。とくにこの「何を」をきちんとつきとめることができれば、作業の8割は終わったも同然です。

そして、モノが売れない状況をひっくり返すには、キャッチコピーを変えるのがいちばん速く効きます。

また、キャッチコピーを書くことは、自社商品の価値を改めて問い直すことでもあるのです。

- 誰に…………ターゲットを決める
- 何を…………ウリをつきとめる
- どう言うか……言い方を探す・強い言葉を選ぶ

3 キャッチコピーには具体的な役割がある

ここで、キャッチコピーの役割を整理してみましょう。イメージ的なキャッチコピーを思い浮かべる人も多いと思いますが、キャッチコピーには、具体的な役割があります。

次のような役割を果たすためには、抽象的なキャッチコピーでは機能しないことがおわかりいただけると思います。

■キャッチコピーの役割

①認知してもらう

まず、認知してもらう。知ってもらわなければはじまりませんから、とにかく目を向けてもらうということですね。

キャッチコピーは文字ですが、デザインとしての役割もあります。チラシにレイアウトされるキャッチコピーのポイント（文字サイズ）は、大きければ大きいほど効果的だったという調査データがあります。この場合は、アイキャッチャーでもあり、堂々としたキャッチコピーが自信の表れと受け止められた結果とも言えます。

② メリットを伝える

お客様にとってどんなメリット・便利さがあるのか、商品を使うと将来どうなれるのか。専門用語で言うとベネフィット（便益）。これをしっかり伝えることが何より大切です。

③ お客様を絞り込む

「あなたのことですよ」とターゲットを絞り込み、呼びかける役割です。対象を明確にすることで、自分ごととして振り向いてもらいます。

- **独立開業を目指すあなたへ、〇〇〇できるセミナー開催します**
- **敏感肌の方へー、〇〇〇クリームです**

などのように、対象者をアタマに置いたキャッチコピーも多く見られます。

④ 必要性に気づいてもらう

メリットを知らせて興味を持ってもらいます。とくに自身にニーズがあると気づいてもらうことは重要です。「こんな甘いケーキはムリ」という男性に「甘さ控えめで大人のスイーツです」と伝えられれば、市場性はひと回り広がるかもしれません。

⑤ 買う気になってもらう

いよいよ、買う意思決定をする段階です。売場のＰＯＰなどは、まさにここです。以前は食品スーパーにしかなかったＰＯＰですが、今ではドラッグストアや靴店、書店にも設置され、お客様の背中を押す役割を担っています。

⑥ 中身を読んでもらう

説明文やメリットの列記を読めば、商品のよさをわかってもらえるとしても、なかなか文章を読んではもらえません。キャッチコピーがおもしろいので中身を読んでみたい、と思わせる役割もあるのです。

4 みんなターゲットがわからない!?

キャッチコピーを誰に向けて書くのか。つまり、あなたの商品を誰に売るべきかはとても重要なのですが、意外にもなんとなく決めている人が少なくありません。

「ウチは昔からこのユーザーに売ってきたから」、「この商品ならこういうターゲットでしょ、だいたい」……。

ところが、もっと別に大きな市場が眠っていることがあります。もしかしたら、ターゲットのズレが、思ったように売れない原因かもしれないのです。

狙うべきターゲットをどう決めるか。次のようなケースで一緒に考えてみましょう。

定年退職をしたタナカさんが「時間ができたから英語でも習おうかな」と、英会話スクールに通うことを考えたとしましょう。しかし、ヒマつぶしにお稽古事をするのなら、将棋でも、囲碁でも、カラオケ教室でも、俳句・短歌教室でも構いません。

一方、3ヵ月後に米国に単身赴任が決まっている30代のビジネスマンだったらどうでしょうか？　選択肢は英会話スクールしかなく、切実なニーズがあると言えます。

実際、英会話ブームが去ってみると、着実に経営ができているスクールはベルリッツなど、仕事に使える外国語を教えているところばかりでした。


今度はタナカさんが「やっぱり音楽教室にしようかな」と考えたとします。

そして音楽教室の体験クラスに参加してみたところ、そこには同年代の似たような境遇の人たちがたくさんいました。「ここなら友達ができそうだ」ということなら、ちょっと切実になりますよね。

あなたが音楽教室を経営しているのなら、こんなキャッチコピーを発信することもできるでしょう。

● **団塊の世代が同窓会のように集えます。**

さらに、このタナカさんが不幸にもケガか病気をしてしまったとします。医師から「リハビリをがんばってください、指先を動かしてください、楽器の演奏なんていちばんいいんですよ」と言われて通う音楽教室はどうでしょう？　これはかなり切実であると言わざるをえませんね。

このように、**同じ商品・サービスでも、ある人にとってはどうでもよく、また別のある人にとっては「ぜひ欲しい、いくらでもいいから売ってください！」となります。**そして、同じ人であっても、時期によって切実の度合いが強くなったり弱くなったりします。

人によって、またタイミングによってニーズが大きく異なるとしたら、あなたの商品をいちばん切実に欲しがってくれるのはどんな状況にある人でしょう？　その人はどこに行けば会えるのでしょう？　そして、どんな言葉に反応してくれるのでしょうか？

お客様の考えていることは何か？　何について悩んでいるのか？　不満、不便は何なのか？　想像力を働かせ、考えつくす必要があります。

具体的な例として「サビない鋼板」のキャッチコピーを考えてみましょう。

新開発の特殊合金なので価格は他のモノより3割ほど高めですが、建材や自動車、ネジなど、サビないほうがいい用途は、いろいろ考えられます。

そこでキャッチコピーを考えました。

●サビ知らずで多用途の新鋼板、誕生。

ところが「そんなに高価なら結構です」というユーザーばかりで、なかなか契約が取れません。

そこであなたは考えます。サビないことが切実なニーズを満たすシーンはないか。

例えば、海の近くなどはどうだろう。潮風のあたる鉄骨はサビるのが速そうです。調べてみると、海浜部の工場やコンビナート、ベルトコンベアは内陸部の3～4倍のスピードでサビが進むので、設備の更新コストが悩みのタネだということがわかったとします。

そうなると鋼板の価格が3割ほど高くても、むしろ割安だということで成約が進むはずです。とくに新製品の導入期は、こうした確実なニーズから対応していくことがブレイクする上での端緒になりえます。あまり営業コストをかけずに実績を上げていくためにはどうしたらよいか、と言えば切実なお客様に絞り込んでいくことです。

ターゲットを海浜部の建築物やベルトコンベアに絞った、次のようなキャッチコピーが効きそうです。

●海辺でも、30年サビない新建材。

1割くらいにしか支持されない小さなニーズであっても、その1割に切実に刺されば売れます。5割に支持される商品であっても、それが切実でなければ安定的に売れることはありません。

自社商品の典型的なお客様は誰か。最も価値を認めてくれるお客様は誰か。

このようにターゲットを見立ててください。「価値」を見直すということは、いちばん有利な、つまり利幅の取れるビジネスのあり方を考えることにつながるのです。

5 絞り込むからお客様に刺さる

お客様を絞り込むことは不安です。窓口は少しでも広くしておくほうが売れるのではないか、という気持ちはよくわかります。

そこで、絞り込むことの大切さを、セミナーのタイトルを例にとって説明します。セミナーを選ぶとき、どんなタイトルなら参加したいと思うかを考えながら読んでください。

私は、セミナータイトルは粒度で絞り込むべきだと考えています。粒度とは、粒の大きさ。農家さんがつくるミカンにも、市場で歓迎される最適サイズの規格があります。それと同じで、テーマの範囲を示すタイトルが大粒すぎても小粒すぎても流通しないのでダメということです。

例えば、販路拡大セミナーのタイトルが「売上拡大セミナー」では大きすぎます。どんな具体的なノウハウが聞けるのか見当がつかず、参加者には響きません。

「耐久消費財をセールスする方法」であれば、当該商材を扱う営業マンは詳しく知りたいと思うかもしれません。

これを、**「自動車ディーラー・7つの販売戦術」**くらいまで絞り込むと、業界の対象者は「これは役に立ちそうだ、申し込まなければ」と感じてくれます。

では、「自動車ディーラーのツイッター活用法」だったらどうでしょう。ハマる人もいると思いますが、ピンポイントに絞り込みすぎていて、参加者が少ないと予想されます。つまり、門戸を広げすぎると反応が取れず、狭すぎれば市場性が見込めないというわけです。

同様に「中小企業のマーケティング活用法」は広すぎ、**「中小製造業がウェブを使って顧客を呼び込む方法」**くらいがちょうどいいのです。

「誰もがお客様です」では結局のところ誰にも売れないことが、おわかりいただけたでしょうか。絞り込んでこそ商品は価値を持ち、際立つのです。

そもそも絞り込まないと、困ったことが起きたりもします。

仮に、「おカネを払ってくれれば誰でもお客様」ということで、誰かれ構わずにバンバン売りつけたとします。すると、中には本来は買うべきではない人も混ざってきます。そういう人たちは不満を持ち、ツイッターでその不満をつぶやくかもしれません。

このように、お客様を絞り込んで選べば、こちらも選ばれる、ということがあります。

お弁当を売るのも「誰が食べてもおいしいお弁当」ではなく、「アレルギーの方専用弁当」、「ロケ専用弁当」や「病人食弁当」と絞り込んで勝負しなければ、向こうから探してくれることはありません。

見つけてもらえる専門性がなければ、お弁当は250円になってしまうのです。

絞り込みは粒度で考える

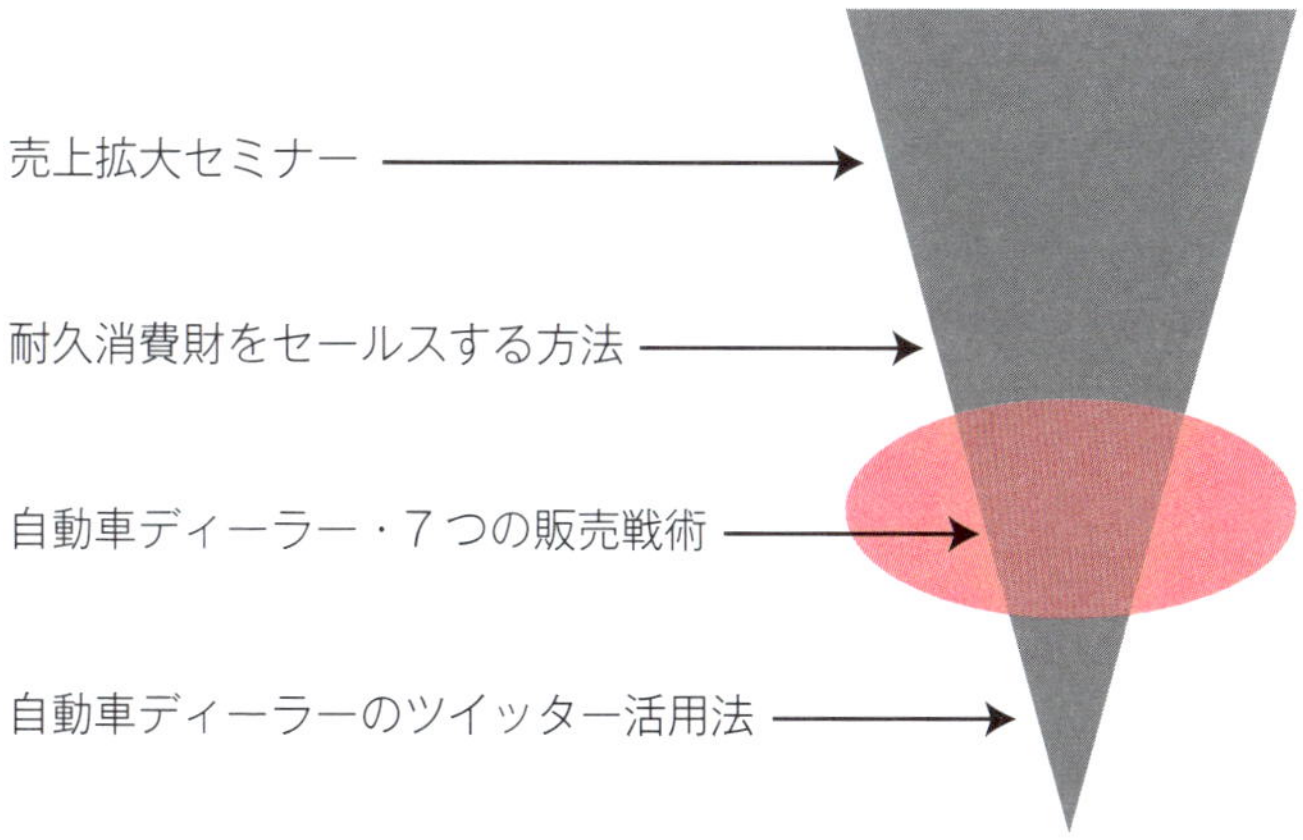

6

お客様は「悩み・課題・状況」で絞り込む

お客様を絞り込むためにはどうすればいいのでしょうか。

よく聞くのは「女性に売りたい」、「高齢者向けです」、「ターゲットは富裕層」というもの。しかし、今はいろいろな人がいる時代です。60歳を過ぎてから婚活する人もいますし、家賃2万5000円のアパートに住んでいてもクルマはＢＭＷという人もめずらしくありません。そんなふうに多様な価値観が混在する時代に、年齢層、性別、所得層などのような、ざっくりした属性で絞り込んでも刺さらないのです。

仮にあなたが高額のヨットを売っているからといって、富裕層にあたればいいわけではありません。むしろヨットを買うのは、中流層だけれども海と船が大好きで収入の多くをつぎ込んでいる人だったりします。

では、どう考えていったらよいのでしょうか。

実は、**その人の悩みや課題、置かれた状況で絞り込む**ことが正解なのです。例えば次のように。

- **仕事ではクルマを使わない方に。有利な自動車保険があります**
- **乗らないバイクをお持ちの方、お売りください**

とても明確ですね。ここまではっきりしていなくても次のような絞り込みもあります。

- **受験生をお持ちのお母様へ**
- **電気代を下げたい工場長様へ**

このように、自分ごとのメッセージを聞けば人は足を止めてくれるのです。

ウチの商品は、どんな課題を抱えた人たちに役立つものなのか。どんな状況に置かれた人々に提案するべきものなのか。絞り込むというより、その悩み自体に寄り添うことこそが、見込み客に出会うための王道だと言えるでしょう。

7 独自のウリを書かなければお客様は振り向かない

お客様はよいものを買いたいけれど、本当によい買いものができたかどうかは、お金を払ったあとでなければわかりません。ですから、お客様は買いものをするときに想像力を総動員して考えます。「これを買っていいものか、失敗するのではないか」と。

そのとき、**買われるのはよいものではなく、よさそうなもの**なのです。「おいしい」ではなく、「おいしそう」と判断してもらう必要があるのです。

そのため、キャッチコピーは「これはよさそうだ」と判断してもらえるような材料を与えるものでなければなりません。競合ではなく当社を選ぶべき理由は何なのかを、言葉にするのです。

ただ、ここでの問題は、**売り手であるあなたが言いたいことと、お客様の聞きたいことはズレている**、という現実です。商品を開発する上であなたが苦労した点と、お客様に喜ばれる点が同じであるとは限りません。

発明王エジソンは、蓄音機を発明したときに「これは事務機器である」と考えて売り先を見つけようとしていました。しかし、実際に普及させたのは「音楽に最適」と考えた別のビジネスマンでした。


最近の話をすれば、大ヒット商品として知られるフリクションボールペンも同じです。パイロットは熱で色が消えるインクを開発、この技術を応用して「色が変わるペン」を売り出します。「メタモカラー」とネーミングされたペンは、書いたものを温めると消え、時間が経つと色が戻るのです。ほとんど売れなかったこの製品を見て、フランス法人の社長が「書いたものを消せるペンにしたら？」とつぶやいたことから、あのヒット商品は生まれました。

当事者は客観的な視点を持てず、つい「ウチの子に限って……カワイイ！」となってしまい、判断が鈍る。それは、有名企業であっても同様なのですね。多くの企業がウリのポイントをカン違いしています。

企業ばかりでなく、抜け目のないはずの生活者もウリをカン違いしています。

あなたは1000円カットのウリは何だと思いますか。なにしろ名称に1000円と入っていますから、安さでしょうか。

1000円カットの本質的なウリは、実は忙しい合間にも待ち時間なく、短い滞店時間でサービスを受けられるということ。つまり、髪と料金だけでなく、時間もカットしているところなのです。

現代では、時間より貴重なものはなかなかありませんからね。


全国の商工会議所さんを訪れると、「ウリをつきとめるのが難しい」という声を聞くのはもちろん、「ウリをわざと書かない会社さんもある」と打ち明けられることがあります。

「さすがにそれはないのでは」と思いましたか？

でも、わざとウリの核心を書かないチラシやウェブサイトはよく見ます。そういう会社の社長さんは、ズバリのポイントを書くのがハシタナイと考えているのです。恥ずかしいのです。そこまでガツガツしてビジネスをしたくない。なんとも日本的な感覚です。

8 機能や特長をキャッチコピーに書いてはいけない

キャッチコピーとは、商品の機能や特長、仕様、こだわりの点を書くものだとお考えの人も多いと思います。とくに商品開発段階から担当した男性がキャッチコピーを書く場合、「この機能がすごい」、「ここにこだわった商品は初」などを伝えようとします。

その結果として、すごそうだけれど何の役に立つのかわからないメッセージができあがることになります。

お客様が聞きたいのは、すごい機能・特長ではなく、それによって私はどう便利なの？（食品なら）どうおいしいの？ということなのです。

キャッチコピーは、機能や特長ではなく、メリットを書かなければなりません。そのメリットによって、課題が解消される、苦痛から逃れられる、喜びを得られる、ことが重要なのです。

以前、無印良品に『たためるジャケット』という商品がありました。しかし、あまりにも売れないので販売中止に。だいたい、たためないジャケットがあるなら見てみたいというツッコミが入りそうですね。

「たためる」の真意は、たたんでもシワになりにくい生地を使ったジャケットということ。しかし、通りすがりのお客様はそこまで理解してくれません。

結局、生地の技術がもったいないからと再発売したときのネーミングは『旅に便利なジャケット』。

● 『たためるジャケット』
←
● 『旅に便利なジャケット』

第三者から見ると、たいして変わっていないような気もします。しかし、ここには次のようなストーリーが隠れています。

シワになりにくい

↓

たたんでカバンに入れて旅先に持っていき、夜のディナーに着ようと取り出す

↓

シワになってなくて、あら便利だわ……

いわば連想ゲームですね。店頭でネーミングやキャッチコピーを見てもらえる時間なんて、ほんの2、3秒。その刹那に、お客様はこの連想ゲームの答えにたどりついてはくれません。だったら、最初から答えを書いておきましょう、ということなのです。

商品の特長、機能、仕様、性能があるとして、「それにより、どうよいのか? どんなメリット、効果があるのか?」を問い直してください。

スマホに対抗して「明るく撮れるレンズを搭載したデジカメ」のPOPを書く場合を例にとって考えてみましょう。

機能性を言わなくちゃ、と考えると「F値1・4。プロをうならせる描写力」のようなキャッチコピーになりがちです。それよりはF値のスペックがもたらすメリットを伝える「本場L社のレンズで明るく撮れる」のほうがいいですね。

さらに、ユーザー目線に寄り添うとどうなるでしょう。「明るいレンズだとユーザーはどんな写真が撮れるか」というところまで書いてあげれば、欲しいと思ってもらえます。

●サッカーの試合で走り回るお子様もくっきり撮れる

ユーザー側もプロであると言っていいＢｔｏＢ商品でも同様です。ある測定器が小さくなったとします。しかし、単に「コンパクトなボディになりました」だけでは価値が伝わりません。

●小型軽量化で、現地に持ち運んでの計測を実現。

ここまで書いてはじめて、小さくなった価値をわかってもらえるのです。

9 「ニーズ・ウォンツ・セツジツ」で本当の値打ちに迫る

「ニーズよりウォンツを満たす」という言い方があります。用語などはどうでもいいのですが、**お客様のより深く切実な要望に刺さることができれば理想的です。逆に言えば、当たり前のニーズ、便利さを満たすことを伝えるだけでは不十分です。**

大ヒットしたコンタクトレンズの事例を見てみましょう。

本来、コンタクトレンズの基本的なニーズは視力の矯正です。しかし、購入者は酸素透過度が高いもの、目が乾きづらいものという付加価値を求めます。若い女性なら、カラコン（カラー・コンタクトレンズ）のバリエーションも気にするでしょう。

ところが、あるコンタクトレンズは、もっと深いニーズを満たすものでした。その商品を装用すると、瞳が少し大きく見えるのです。つまり、黒目が大きくなるのです。

黒目がちになると眼差しが魅力的になり、女子力がアップする。このため、若い女性の間で大人気の商品となりました。女子力がアップすることは、切実なニーズであると言えます。

いわば、**ニーズ、ウォンツの先のセツジツとも呼ぶべき本質的な価値**です。

スマホで最新ニュースが読めるアプリに後発で参入した『グノシー』は、CMのキャッチコピーに、男性は営業成績がアップする、女性は女子力がアップする、とメリットを訴求していました。

「ニュースアプリでそこまで言えるの？」と思いましたが、そこには奥にある値打ちをアピールする戦略があったのです。

「最新の情報に触れられる」

↓「雑談がうまくなる」

↓（女性は合コンで話題の中心になれるので）「女子力がアップする」

↓（男性は商談がスムーズになるので）「営業成績が上がる」

次は補聴器で考えてみましょう。

補聴器の基本ニーズは、聴こえがよくなることです。しかし、その先には電池交換が容易だとか、充電式で使いやすいなどのニーズもあります。

さらに、ユーザーの切なる願いとしては、補聴器を使っていることを悟られたくないというものがあります。そのため、耳の穴に収まってしまうほどコンパクトだったり、耳たぶの後ろに隠れて気づかれないタイプが人気です。

そして、こんな「セツジツ」もあります。

「最近、孫がよくしゃべるようになってね。私も話したいのだけれど、聞こえが悪いものだから、『えっ？ えっ？』と聞き返しているうちに孫は飽きてしまって、どこかへ行ってしまうんですよ」。

店員さんが、このようなより深いニーズを聞き取ることができれば、「小さなお子さんの話す周波数に強いのはこちらの機種です。コンパクトでないですが、出力が大きく低価格です」というようなセールストークができるでしょう。

そうしたニーズを意識し、補聴器の使用を躊躇している新規ユーザー向けに書いたキャッチコピーがあります。ビジュアルは幼稚園生くらいの女の子です。

●**はっきり聴きたい声があるから。**（コルチトーン補聴器）＊弓削：作

オススメの補聴器を買って帰り、実際に孫との会話を楽しめたなら、このユーザーは一生この店員さんから買おうとするに違いありません。それほどしっかりとしたロイヤリティが醸成されるはずです。

このように、商品のニーズを深掘りしていくと、二段、三段と奥にある、本質的な値打ちにたどり着けることがあります。どんな商品にも切実なニーズがあるとは言いませんが、もしもそこに気づければ、枯野に放った火のごとく売れるキャッチコピーが書けるでしょう。

第2章

「買う理由＝ウリ」を見つける方法

1 お客様が切実に欲しがってくれるウリは何?

ヤセたい、健康になりたい、おいしい料理が食べたい……など、人にはさまざまなニーズがあります。その中で、あなたの商品が切実なニーズに刺さるキャッチコピーが書ければ理想的です。

では、人はどんなときに切実なニーズを持つのか。どうしたらあなたの商品を「切実」なニーズに結びつけることができるのかを考えてみましょう。

切実なニーズには、9つのカテゴリーがあります。

(1) 時短・スピード・今すぐ

今、目の前で蛇口が壊れて水がじゃんじゃん漏れていたら、価格交渉をしている余裕はありません。また、パソコンが壊れてしまい、今日中にデータを復旧させないと仕事の締め切りに間に合わないというときに「消費税は別にかかるのか」などと交渉している余裕もないでしょう。

そこには、スピードに対する切実なニーズがあります。お困りごとを即日、または24時間対応で解決してくれるビジネスは重宝がられます。カギ開けサービスやバイク便も、1000円カットも、本質的な価値は同じです。

(2) 子どもの教育・成長

我が子が健全に成長し、よりよい教育を受けられることは、とくに中流以上の家庭では最優先のニーズです。子どもの学習や進学、受験のためにはどんなこともいとわず犠牲にする家庭は少なくありません。

集団授業より高い授業料を払ってでも、個別指導の塾で子どもによい学習機会を与えたいというのは、成熟社会ならではの切実なニーズなのです。

(3) 家族・自身の健康・安全

命あってこそですから、自分や家族の健康は第一です。医療や健康への支出は抑えることが難しく、人間の根源的な欲求の代表的なものと言えるでしょう。

また、食物アレルギーのある人向けの牛乳や、卵・小麦粉を使わない食品、アトピーの人向けの石けんや衣料品なども注目されている市場です。

（4）趣味・萌えの世界

最近、趣味には際限なくお金をかけ、趣味に生きるという人が世代を問わず増えています。アイドルの握手会に参加したくて同じCDを何十枚も買う人がいますし、プレミア価格のついた高額なフィギュアをオークションで落札する人もいます。

釣りやゴルフ、サイクリングなどに消費される可処分所得はバカになりません。

（5）よそで買えない一点物、オーダーメイド品

大量生産品に対抗して中小零細店が優位性を持とうとすれば、他店では買えない逸品、オーダー受注によるオリジナル品を提案するやり方があります。百貨店ではスーツやワイシャツのオーダーでの売上は安定しています。

また、孫やペットを愛する人にとって、その写真が入ったマグカップやTシャツ、あるいは3Dプリンタによるフィギュアなどは高くとも発注したいものなのです。

（6）おしゃれ・美容・アンチエイジング

異性によく見られたいという希望は、世代を超えて切実な願いです。化粧品や美容サロンなどのアンチエイジング、また体型補正下着などの高額品の市場も拡大しています。女子力を高めたい、常に美しくありたいという願望は、何歳になっても変わりません。

（7）ダイエット・薄毛などコンプレックス

昔から、切実なニーズの典型的なものです。どんな人でもコンプレックスを持っており、それを解消するビジネスは不滅と言えます。ダイエット食品市場だけでも底堅いものがあります。

（8）不安・損失を避けたい

平和に暮らしたい、イヤな思いをしたくないというのは、誰しも等しく持っている欲求です。

金銭的な損失を避けたい気持ちもあります。とくに富裕層などは防犯上のコストをずいぶん負担しているでしょう。

一人暮らしの高齢者が増えていますが、以前なら家族や近所の人に頼んでいたようなことが、頼みづらい、借りをつくりたくないなどの理由から有料の業者に依頼するようなケースも多いようです。

（9）ビジネスニーズ、業績アップ・コスト削減など

企業が販売促進をしたい、資金を調達したい、あるいはコスト削減したいなど、ビジネス上のニーズは、一般消費者よりも切実です。あるクリーニング店が、個人相手ではなく企業向けに転換することで客単価も上がり、経営が安定したという事例もあります。

以前、公的機関の相談会で、オゾンを活用した消臭剤の販路について相談を受けました。「公園や介護施設などのトイレは消臭のニーズがあると思うけれど、期待どおりには成約しない」というお悩みでした。

そのとき、私がお伝えしたのは、**「ニーズがないところにこそニーズがある」**ということでした。

禅問答ではありません。公園などの公衆トイレや介護施設のトイレはたしかに臭いのですが、同時に仕方のないこととあきらめられているのも事実です。仮におカネをかけて解決しても、あまりほめてもらえないかもしれません。

それよりも、本来はニオイがないはずの場所で悪臭が発生した場合、これは切実なニーズが生まれます。

例えば、高級な和食店や寿司店では、魚をさばいた脂分が排水口に染みついて悪臭を放つことがあります。しかし、繊細な味わいを提供する料理店の調理場から排水口のニオイが漂ってきたのではお店として最悪ですし、お客様の足も遠ざかるでしょう。絶対にニオイがしてはならない場所なのです。

そういう店舗で、真水に近い無害な成分でニオイが抑えられる製品があるのなら、真剣に購入を検討して当たり前です。これが、「ニーズのないはずの場所に営業するべきです」のココロなのです。

2 ウリを見つける5つの自問自答

数多くのお客様と出会い、たくさんのありがとうやクレームに接してきたあなた自身へ5つの質問です。これに回答することからウリのヒントが見つかるかもしれません。

（1）会社・商品をはじめたきっかけ、理念は何か？

ビジネスをはじめてから時間が経つと、当初の使命感や理念を忘れてしまいがちです。もともと、この仕事をはじめた動機は何だったのか、ミッションは何だったのか。

原点ともいうべき場所へ記憶を巻き戻せば、訴求するべき本質的なウリに立ち返ることができるかもしれません。

（2）業界内で他社・他店と違っている点は何か？

これもまた長くビジネスを続けていると、ふと周囲を見渡したときに競合である他社、他店とは異なる売り方、サービスを提供していると気づくことがあります。

そして、その他社にはないものを求めて、お客様は来てくれたりします。もしもそうなら、それは独自のウリとなるはずです。

(3) 理想的、切実なお客様とはどんなお客様か?

「ウチの商品は、本来こういうお客様が使ってくれるといちばんお役に立てるんだけど」。そうした理想的な取引があるとすれば、そのお客様の使い方は最も価値を高く認めてくれるものであり、最も強いウリなのではないでしょうか。

(4) お客様が喜ぶこと、褒めてくれることは何か?

商談でお客様と何度か顔を合わせるうちに、よい笑顔を見せてくれることがあったら、それはまさに商品のウリが伝わった瞬間だと言えます。

また、おカネを払う側のお客様が褒めてくれたら、それは相当よいことに違いありません。それはどんなときだったかを、できるだけ数多く思い出してください。

（5）お客様の変わったニーズは何か？

最近、ちょっと変わった要望や問い合わせが多いと感じることがあったら、それは市場のニーズが曲がり角にきていることを示しているのかもしれません。

そのニーズを先取りして他のお客様にも提案し、よそにはないウリとして育てていけばいいのです。

3 ウリが弱ければウリをズラせばいい

商品やサービスのウリが今ひとつなら、ズラしたり、ひっくり返したりすればいいのです。

例えば、私立高校の本来のウリは、有名大学への入学者数など学力面のはずです。しかし、入学希望者数や偏差値に大きな影響を与えるのが、制服のデザインや校舎の立地です。**かわいいチェックの制服に変えたら入学希望者数が増えた、校舎を都心へ移転させたら偏差値が上がった、**ということが現実に起きるのです。

また、スターバックスは今では日本中に店舗がありますが、同チェーンのウリは何でしょうか？　コーヒーチェーンですから、当然コーヒーのおいしさだと思いましたか？

実は同社はブランドのウリを「サードプレイス」であるとしています。

サードプレイスとは、**職場や学校ではない、しかし家とも違う、くつろげる第三の場所**という意味です。コーヒーの目隠しテストでマクドナルドに負けたことのある同チェーンは、味ではなく居心地をウリにしているのですね。

かつては人気の清涼飲料水であったラムネも、戦後は海外から参入したブランドに押されて忘れ去られていました。それでも、全国には細々と製造を続けていたメーカーはありました。

そのうちの一社の社長が、あるときふと考えます。今でも少しは売れているラムネだけれど、何を求めてお客様は買ってくれているのだろうかと。

清涼飲料水は、おいしさやノドごしが本来のウリです。

しかし、ラムネを選ぶ人は、実は**懐かしさに引かれて買っている**のではないか。もしそうなら、便利にペットボトルなどでつくっている場合ではない。そう考えてあのビー玉をゴトンと落として開栓するガラス瓶のボトルに、レトロなデザインのラベルを貼って売るようにしたのです。

すると、お客様は「これ懐かしい！」と言って喜び、価格を気にせずに買ってくれる人が増えました。

フランスのミネラルウォーター『エビアン』は、飲料水であれば百数十円の商品ですが、スプレー缶に入れて「化粧水」の用途で販売したところ、1000円以上の価格になりました。

モノを売っているビジネスも、課題解決という「ソフト」を売る方向に転換していけば活路が見出せるという教えはかつてからありました。

布団の販売　↓　安眠をお届けしている
ペットショップ　↓　癒しをお届けしている
印刷会社　↓　販促を支援している

王道ばかりを頑固に進まず、お客様が喜んでくれる方向へウリを寄せていくのも一つの方法です。

4 弱みですらウリに転化できる8つの視点

うまくウリをズラすことが難しい。いや、むしろ弱みが目について困る。そのような商品であっても、弱みをウリに転化して訴求することもできます。

有名なところでは、永遠の2番手であることを素直に認めて同社の躍進に貢献した「AVIS（アメリカのレンタカー会社）のナンバー2キャンペーン」。2位なので**「もっとがんばります。ぜひご利用ください、空いていることですし」**という自虐的な訴えは、見事でした。

また、ハインツケチャップはビンを逆さに振ってもなかなか出てこないため、後発のサラサラしたケチャップに追い上げられて苦境に立たされたことがあります。使いづらいという弱点をどうするか。これを1行で逆転させたキャッチコピーがこれです。

● ハインツのケチャップはおいしさが濃いから、ビンからなかなか出てこない。

味がひどいとされる洗口液のリステリンのキャッチコピーはこちら。

● 1日2回、イヤな味を。

これらは米国での事例ですが、日本は弱者にやさしいため、もっと有効ではないかと思います。

リステリンと似た訴求をしているのが青汁です。健康によいとはいえ、口にするものでありながらおいしくないという致命的な欠点が当初はありました。これをプラスに転換させた、「良薬は口に苦し」を想起させるキャッチコピーは有名です。

● うーん、マズイ。もう一杯。（キューサイ）

また、話題になったので、ご存知の方もいるかもしれませんが、花の種や球根を販売している会社で、誤ってチューリップの球根種50万球を混ぜてしまったときのことです。球根は何色の花が咲くかを選んで買うものですから、混ざってしまえば売り物になりません。この窮地を救ったのが、「球根ガチャ」というアイデア。つまり、「何色が咲くかはお楽しみ」というわけです。

●オランダ直輸入球根　チューリップ　訳あり！（国華園）

販売価格はかなり安くしたのですが、完売したそうです。

台風の被害でリンゴが落ちて傷んでしまったとき、木に残った数少ない実を「落ちないリンゴ」とネーミングし、受験生向けの縁起物として販売したケースと似ていますね。

その他でも、**「カタチはヘンですが、味は一級品です」**、**「店員は無愛想だが、カメラは安い」**などのキャッチコピーで弱点をウリに変える試みはいろいろあります。

それでは、弱点をウリに転化する方法を8つの観点から見ていきましょう。

（1）価格が高い

一般に、価格の高いものはよいものであると理解されます。

低価格で顧客を開拓しても、バーゲンハンターと呼ばれるお客様は、もっと安い価格を見つけて去っていくだけです。

適正な価格を標榜するということは、「価格志向」ではなく、価格よりもよい商品を買いたいという「品質志向」のお客様とつながっていくことです。

●正直、高いと言われます。

このキャッチコピーには、本当の価値がわかる人に買われてビジネスが成り立っていますよ、という主張が隠れているのです。

（2）知名度が低い・生産量が少ない

上場企業でなければ、全国的に知られる必要はありません。地方には地元の人しか知らない名店はいくらでもありますし、中央には知られていないけれど「地方の虎」と称せられる有力企業は数えきれないくらいあります。

●「じゃない方」の、浦安。

鳥取県が町おこしのためにつくったキャッチコピーです。「千葉県のように〝夢のある遊園地〟はありませんが、自然がいっぱいあります」と訴えています。

また、生産量、流通量が少ないということは、すなわち希少価値。地酒などにとってはむしろセールスポイントです。わざと出荷量を抑えて〝幻の……〟ブランドになろうとして叱られた焼酎の蔵元もあったくらいですから。

（3）経験不足

若手のコンサルタントや士業の方と話していると、「経験が少ないので、顧問先が見つからない」と打ち明けられることがよくあります。

けれども、経験豊富で高額、なおかつ偉そうなコンサルタントや弁護士さんに頼みたいという人ばかりではありません。若くフットワークの軽い人に依頼したいという経営者もいますし、その分野の勉強をして一緒に成長していきたいと考える社長もいるのです。

●若さと行動力がとりえです。

（4）店が狭い・立地がわるい

店舗が狭ければ濃密な接客ができます。来店者の母数は少なくても、来てくれた方は丁寧な説明に納得して買ってくれる、満足度の高い接客ができるとも言えます。

もとより、立地の悪い店にまで来てくれるお客様は本気度が高いはずです。

また立地がよくないのであれば、ライバル店や大手チェーンが斜め向かいに出店してくる、などという恐れも少ないでしょう。

●ちょっと遠い。けっこう旨い。（レストラン）

（5）古い・旧式

古い、旧式であるということは、すなわち伝統があるということです。一時期、「レトロ」というキーワードが流行しましたが、変わらないものはよいものであり、安心できる定番なのです。

米国メジャーリーグで、ボストン・レッドソックスの本拠地であるフェンウェイパークは、全米でもダントツに古い球場です。現オーナーがレッドソックス球団を買収したとき、記者団は「もちろん、建て替えるんでしょうね？」と質問しました。

ところが、オーナーはこう答えます。

●パリにエッフェル塔があるように、ボストンにはフェンウェイパークがある。ここはボストンの誇りであり価値なんだ。（ジョン・W・ヘンリー）

いまだに同球場は歴史ある威容とともにたたずんでいます。

（6）複雑・手間・時間がかかる

何でもカンタン、手軽を志向する時代ですが、それだからこそ、ひと手間加えなければならないくらいのほうが、愛情のアリバイができます。

森永製菓の『ホットケーキミックス』は発売当初は手抜き・時短がウリでしたが、今は親子でホットケーキをつくる時間を楽しむ商品に変わっています。

●お客様の顔を見てからウナギをさばきます

こう言われると、丁寧で本格的な味を期待しますよね。浅草にお客様の注文を聞いてからそばを打つ店があります。待ち時間が本当に長いのですが、遠方からもこだわりを持った方が多く来店するのです。

（7）たった一人の会社

担当者がころころ変わる大手企業やローテーション人事のお役所よりも、一人の社員が最後まで責任を持って担当してくれるほうがよほど安心できると言えます。柔軟な対応が可能であったり、小回りのきくサービスを心がけているとアピールすることもできます。

● 社長（ワタシ！）自ら、責任をもって対応します。

（8）日持ちがしない

日持ちがしない、というのは逆に言えば鮮度にこだわっている証です。賞味期限の長い食品は便利ですが、合成保存料や防腐剤などがたくさん入っていて体によくないのでは？という連想が働きます。「賞味期限30分」の和菓子が話題になりましたが、むしろ短い消費期限を念押しされるほうが品質や食味への執念を感じ、好感を持ってもらえるのです。

● くさる化粧品（ナチュラピュリファイ化粧品）

5 こういうのは残念ながらウリじゃありません

自社のウリを考えるとき、最初にあがるのは、「昔からがんばってきたこと」、「ウチはこれからはじまったから」、「ウチと言えばコレ」のようなシンプルな思いです。

しかし、それらがお客様にとって大切なことでなければ意味がありません。「〇〇〇にこだわり続けて30年」であっても、お客様のメリットとは無関係。特許を取っていることより、お客様にとってのメリットであることが優先です。

ウリとは、独自のものでなければならない。つまり、**他社・他店も打ち出していることでは差別化はできません。**そして、価値があるとお客様が認めてくれることでなければ、やはりウリにはなりません。

次ページの図からは、他社の強みとはまともに戦わず、異なるポジションをとっていくことの大切さが見えてきます。「マーケティングとは、他社の強みを捨てることである」とは名言です。

ケータイ各社が多機能化に走っているのを見て、『かんたんケータイ』を発売してヒットさせたメーカーがありました。

また、あるこんにゃくメーカーは、そのカロリーの低さを逆手にとってダイエット食品市場へと参入、先行企業をくやしがらせました。

私は、町工場の社長さんと話をする機会がよくありますが、小さな町工場のウリは何でしょうか。

よく耳にするのが「ＱＣＤ」です。

うちのウリはここ

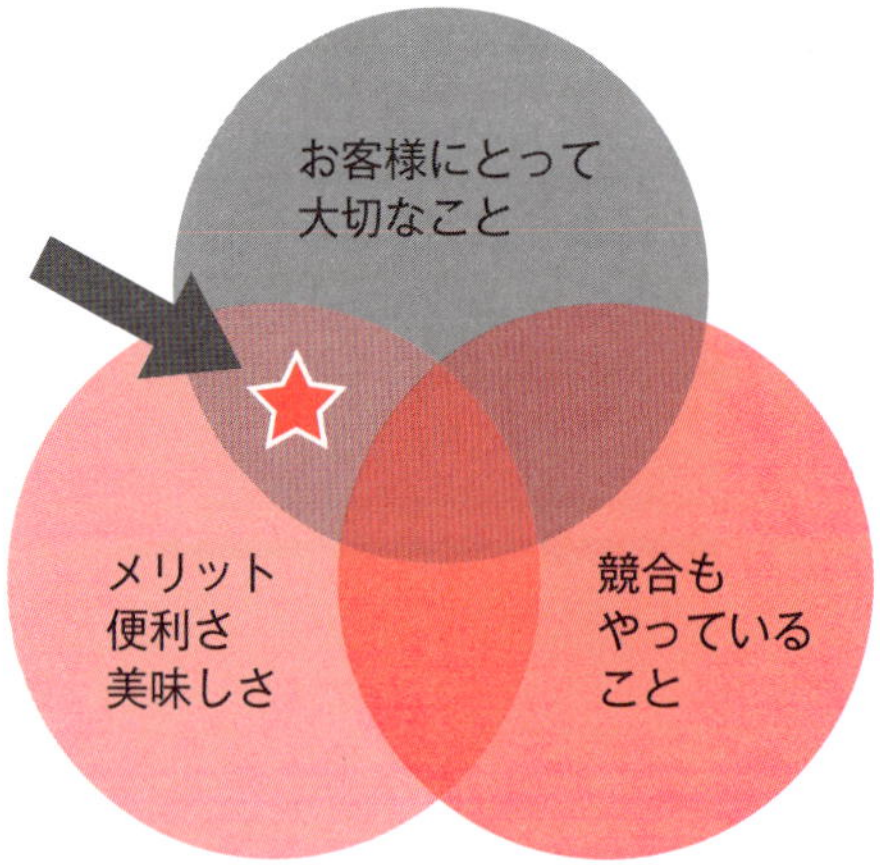

「Q」とはクオリティ（品質）。「C」はコスト（料金）。「D」はデリバリー（納期）を指し、多くの部品製造、加工下請けの工場がウリにしています。

しかし、私は「QCDはウリになりません」と言っています。

まず、国内工場なら質が高いのは当たり前のことです。料金も、顧客企業のコストを削減するのならいいのですが、安売りは一時しのぎ的なものであって、長く売れたり、会社に利益をもたらすものではありません。納期も、競合と短期化を争うことになって、現場が疲弊するだけです。

価格競争で勝者になるのは大手企業であり、中小企業はその消耗戦を勝ち抜くことはできません。大企業が大量生産の工場であるなら、よそにはない職人の技巧をウリにしなければ勝負にならないのです。

✖ 48時間の短納期を低価格で提供。

↓

〇 チタンの難切削なら、プロ集団にお任せください。

6 業界では当たり前のウリも先に言った者勝ち

前項で、他社も打ち出していることはウリにはできないと述べました。

しかし、**他社もできるけれど、それを打ち出していなければ、自社がキャッチコピーにしてもいい場合があります。**

例えば、業界の常識なのであえて誰も言わないこと。しかし、それがお客様にアピールできるのなら、先に言った者勝ちになります。

米国のあるビールメーカー（シェアは4～5番目くらいの二流企業）が、広告キャンペーンを打つことになり、コピーライターを呼びます。取材の最後に、彼が工場を見せてください、というので案内をすると、1日に二度も製造ラインを止めて機械を分解し、洗浄していることに驚きます。そして、ぜひこのことをキャッチコピーにして消費者に知らせるキャンペーンを打ちたいと主張するのです。

会社の担当者は困惑し、「こういう洗浄はどのメーカーもやっていることなので、ウチだけが言うわけにはいかない」と断ります。しかし、コピーライターは譲らず、ついに会社側が認め、このことをアピールするキャンペーンが打たれます。

すると消費者は、はじめて知った洗浄の取り組みにやはり驚きます。そして、「ここまで清潔に気を配っているメーカーのつくるビールがおいしくないはずがない」となり、同社のビールが売れはじめたのです。

国内でも知られた事例があります。

ある水産加工業の会社が、どんなキャッチコピーを書くべきかに悩み、コンサルタントに相談をします。あれこれ話した挙句、何がウリかなかなか決まらない。そのうち社長が、ボソッと「しいて言えば塩汁（しょしる）かな」とつぶやきます。

「塩汁って何です？」はじめて聞いたキーワードにコンサルタントは反応します。

塩汁とは、干物を漬け込むタレのようなもの。

「このことはお客さんも知りたいはずだ――」それがユニークなら、ウリになる。

しかし、社長は「干物をやっているところならどこでも塩汁をつくっているから、ウチだけが言うわけにはいかない」と抵抗します。でも、塩汁が味を決めてしまうことも事実。「だったら塩汁でしょ」ということで、それからは塩汁押しのキャッチコピーを書くことになります。

●その秘密は、創業以来使いつづける塩汁にあり。（じじや）

パンフレットやウェブに書かれたこのキャッチコピーが、同社が全国的な干物の通販に成功するきっかけの一つになったとされているのです。

7 見つけたウリの魅力度はこう調べる

さて、ここまでに自社のウリは見つかったでしょうか。見つかったなら、そのウリは有望でしょうか。そのウリにどれほどのニーズがあるかを確かめる助けになるウェブサービスがあります。

(1) 検索される回数

ウリと考えるキーワードが、どれほどの回数、検索されているかは重要です。課題や悩みを抱えた人が、最初にアタマに思い浮かべ、調べてくれるキーワードなのかどうか。検索回数は、関心の高さであり、ニーズのボリュームを示していると考えられます。

あるキーワードが1ヵ月間にどれだけの回数、検索されているかを調べることができるのがこのサイトです。

www.aramakijake.jp

検索回数の多いキーワードは、印刷物に使用すれば目を引きます。キャッチコピーに使えば検索にヒットしやすくなります。逆に、月間５０００回に届かないキーワードはビジネスとしてスケールが物足りないとも考えられます。

ただし、検索回数をそのまま受け入れられないケースもあります。

例えば、ＤＩＹのリフォーム用品として「壁紙」を販売している場合、壁紙の検索回数にはむしろパソコンのデスクトップに使う壁紙を探すニーズのほうが多く含まれていると考えるべきでしょう。

同様に、「ラーメン」の検索にはラーメン店の情報を探したい人と、カップ麺や袋麺をまとめ買いしたい人、おいしいラーメンのつくり方を知りたい人が混ざっています。

また、リスティング広告を出稿したときにクリックされる回数の多いキーワードは、そのまま市場性が高いとわかります。しかし、そうした**競争が激しすぎるキーワードを狙うのも効率的ではありません。**

（２）買いもの客の願望

巨大通販サイト『アマゾン』にも検索ボックスがあります。

このボックスに例えば「チョコレート」と入力しますと、「明治」、「ロイズ」、「クリスマス」、「わけあり激安」、「コンソメ味」などの検索キーワード候補が勝手に表示されます。これは、ふだんアマゾンで検索されることが多い関連キーワードの候補の一部が表示されているものです。

これに着目したのが、カゴメです。カゴメはご存じのようにトマトジュースの会社ですから、アマゾンで「トマトジュース」を検索する人が、２番目のキーワードとして何を入力するのかをアマゾンに調べてもらいました。すると、「トマトジュース＋甘い」と「トマトジュース＋リコピン」という組み合わせがとても多かった。

そこでカゴメは、味の調整に塩分を使用しないトマトジュースに、通常よりも多くのリコピンを添加した『プレミアムレッド』という新商品を開発。最初は、協力してくれたアマゾン限定で発売しました。すると、同商品は大ヒットし、レビューの評価も高いものになりました。

今やあらゆる商品がリストされているアマゾンです。あなたが**扱っている商品のカテゴリー名を入力し、何が表示されるのかをチェック**してください。商品に対するお客様の希望の一端が見えるかもしれません。

そのキーワードでキャッチコピーを書いたり、扱い商材をそちらへ寄せていくなど、いろいろできることはあるはずです。

(3) 訪問キーワード

今や自社のウェブサイトがない、というところはないでしょう。中には無料のブログサービスやフェイスブックページを活用している方もいるでしょう。

自社のウェブサイトを置いているレンタルサーバーや、ブログやフェイスブックページのサービス提供元は、簡易なアクセス解析機能を提供しています。先週は何人が訪問してくれた、先月は何人、前年同月と比較して増加(減少)した。また、ユーザーがどんなキーワードを検索して訪問してくれたかも一覧のリストになって閲覧することができます。

手前味噌な事例で恐縮ですが、私もブログをやっています。たまに、どんなキーワードで検索して訪問してくれているかを確認しますと、意外なことがわかります。

私が展示会について書いた記事は10件あまりしかなく、ブログ全体の記事数で見れば1％にもなりません。ところが検索キーワードを見ると、「展示会」や「展示会＋集客」、「展示会＋ブースデザイン」など、展示会関連のキーワードを起点として訪問してくれている割合が20％ほどにもなるのです。

これを見て私が考えることとは、もっと展示会関連の記事を書けばアクセス数が伸びる、あるいは展示会集客の企画を出版社に持ち込めば書籍になるかもしれない、ということなどです。少なくとも、市場には展示会のノウハウが足りなかったのでしょう。実際、前著『顧客は展示会で見つけなさい』（日刊工業新聞社）の出版企画はここからスタートしました。

あなたも、こうした想定外のニーズの言葉に触れたなら、開発商品や扱い商材をそちらに寄せていったり、そのキーワードをキャッチコピーに入れ込むなど、いろいろ考えられることがあると思います。

第3章

ウケるキャッチコピーには
強い言葉がある

1 強い言葉があれば売れる・広がる・記憶される

ここまで、ウリを見つけろ、ターゲットを絞れと小難しいことを書いてきました。とはいうものの結局のところ、**記憶されて売れるキャッチコピーには必ず強い言葉がある**ものです。

私が駆け出しのコピーライター時代、広告代理店の営業さんから言われた典型的なダメ出しは「もっと強いキャッチコピーがいいな」というもの。具体的に「ここをこう変えてくれ」と言えないからなのか、営業さん特有の気遣いからなのか、「ずいぶん抽象的な注文だな」と思ったものです。

しかし、今ならスゴくよくわかります。強い言葉のある、強いキャッチコピーで勝負したい。それは、広告制作チームとしての願いでしょう。

広告をバンバン打つ予算のない小企業でも、言葉のチカラを強化すれば、「小よく、大を制する」ことも決して夢ではありません。

強い言葉とは、ノイズの立つ言葉、キレのある言葉。さらに言えば、人の感情にひっかかる言葉です。

その反対に弱い言葉とは、正しいだけの言葉、論文の中に見られるような波の立たない表現、常套句《じょうとう》などです。

手アカのついた言葉という表現がありますが、話し言葉のようなありふれた1行に、人は振り向きません。「高機能、最先端、最高、おいしい」などの言葉は、プラス表現のようではありますが、何も言っていないのと同じように聞こえます。

例えば、魚介類の産品には「新鮮」、「活きがいい」、「旬の」、「脂がのった」などのキーワードを用いるのが普通です。しかし、「普通」の表現ではもの足りないのがキャッチコピーです。

今でも記憶しているのは、高知産のカツオにつけられた次のような一文です。

●漁師が釣って、漁師が焼いた（明神水産）

「漁師」という強いキーワードの響きに、間違いなく垂涎《すいぜん》もののシーンが思い浮かびます。頑固そうな漁師が、自分で一本釣りしたカツオのいちばん旨いところを浜でタタキにしている――。

どこで獲れたとか、新鮮なのかなどを、すっ飛ばしてしまう感情ワードだと思いました。

ということで、世間のキャッチコピーを改めて眺めてみれば、プロのコピーライターも当たり前の内容を強い言葉で書いているだけだったりします。つまり、書きたい言葉、伝えたい内容を強い言葉に置き換えれば、刺さるキャッチコピーになるのです。

2 肝心な言葉を強い言葉に言い換える

「おしりだって洗って欲しい」などのヒットコピーで知られる仲畑貴志氏はかつて、キャッチコピーとは「〈最高の味〉と言わずに、おいしさを伝えること」と語りました。最高、おいしい、役に立つ、などのような平凡な言葉は、読み手、聞き手にまったく刺さらないので、キャッチコピーの核としては使うことができません。

話し言葉のように弱く、スルーされてしまうフレーズは、強い言葉に置き換えていく必要があるのです。1本のキャッチコピーに、一語の強い言葉を入れ込むことで、印象はグンと変わります。

具体的な作例を見ていきましょう。

例えば、枕やベッドマット選びのカウンセリングを通じて、安眠をサポートする寝具店があるとします。ここで、「安眠、快眠」と書いても普通すぎます。「熟睡、ぐっすり」でも、同じでしょう。「爆睡！」だったら少しインパクトが出ますね。さらに、〝睡眠質〟というキーワードをつくったらどうでしょうか。

●あなたの『睡眠質』を改善します。

聞いたことのあるような、ないような。学術的のような、そうでもないような。そのひっかかりが効きそうです。

もう一つ、アミノ酸成分の高級シャンプーを例題にして考えてみます。

このシャンプーのウリは、傷んだ髪が修復されてハリ・コシが戻ることだとします。それを普通に書けば、「あなたの髪をイキイキさせます。」。これを、強い言葉に置きかえたらどうなるでしょうか。3つの方向性で考えてみます。

〈方向1〉「イキイキする」を「元気になる」という方向で言い換えていきます。

髪が、元気になる。↓髪が、喜ぶ。↓

● 髪が、サンキューって言った！

〈方向2〉「イキイキする」を、「復活する」という方向で言い換えていきます。

髪が、よみがえる。↓髪は、何度でも生まれ変わります。↓

● 毎日が、髪の誕生日になる。

〈方向3〉イキイキさせるために選ぶ、信頼できる人も選んでいると展開させます。

髪のために選びたい。↓髪を気にする人は選んでいます。↓

● カリスマ美容師が選ぶシャンプー。

書き上げたキャッチコピーを見返し、一語でも、そして少しでも強いと思われる言葉に置き換えていく。こうした作業を通じて、キャッチコピー力は磨かれていきます。

3 強い言葉① 具体的な数字

では、キャッチコピーに使うべき強い言葉はどのように探していけばよいでしょうか。ここからは、強い言葉のカテゴリー9種を紹介します。各カテゴリーを参考にして、あなたの商品にまつわるキーワード、心に響く言葉、シズル感や刺さる言葉を見つけていってください。

最初は具体的な数字です。

根拠のある数字をきっちり出すことで、お客様に明解なイメージを抱いてもらいやすくなります。キャッチコピーは、なにより具体的であることが重要。数字を提示することで、いっきにリアリティが出ます。

例えば「10歳若く見られるメガネです」というキャッチコピーを見たとき、お客様は心の中で考えます。

「10歳も若く見られたらいいけれど、せめて5歳、いや3歳でも若くなれるならうれしいわ」と。

数字とは、このように最低限の効果、パフォーマンスを具体的に保証するものなのです。

使う数字には、『効果の度合いや割合、実績、年数、人数、金額、個数』などが考えられます。

「10倍もうかる」、**「3日で○○できる！」**、**「～を99.9%カット！」**などはよく目にします。

とはいえ、その数字は見込み客が魅力的に感じる、明解なものであることが必要です。世の中は、数字というモノサシを使い慣れている理系の人ばかりではありません。わからなければ、当然反応も薄くなります。

「40倍対物レンズ」や「±5μ」などの数値は、お客様がピンとくるものかどうかの検討が必要です。

●３００円で生牡蠣が食べられる店
●３・８秒に1個売れています
●〇〇市で50年の実績
●県下で３００棟を達成！
●いまどきの庭つき一戸建て　ゲームで建てれば￥５８００（ビクター）＊弓削：作
●愛情くっきり20倍ムービー（オリンパス）＊弓削：作
●起業に成功する７つのステップ

ところで、**引きつけるチカラのある数字には、３、５などの奇数が多い**と言われます。

たしかに、ポイントは３や５にまとめられることが多いのではないでしょうか。

「〇〇社が選ばれる５つの理由」のようなキャッチコピーは、私自身も何度か書いています。東京の地名や地下鉄駅も、三田、三鷹、三ノ輪、三越前、新宿三丁目、五反田、西新宿五丁目などが目につきます。

また、**あえて中途半端な数字のほうが真実味が出る**、という意見もあります。70％というより、71・4％のほうがきちんと精査した結果だと思ってもらえるというわけです。

4 強い言葉② オノマトペ

「オノマトペ」とは、擬音語、擬態語のこと。

ドンドン、びゅうびゅう、ざぶざぶ、のような言葉で、臨場感を出すというわけです。

食べ物に関して言えば、日本人ほど食感を気にする民族はないようで、スナック菓子が**「サクサク」**なのか**「もちもち」**なのかで売れ行きも大違いに。

そのため、食品の広告を担当するコピーライターやデザイナーは、「シズル感」をどのように出そうかと悩みます。〝シズル〟とはもともとステーキが焼けるときの音（＝ジューーッ）です。

例えば、「冷やすとおいしい梅酒」では表現が冷静すぎてピンときません。やはり「キンキンに冷えた」と書くから思わずノドが鳴るのです。

●「さらりとした梅酒」を「キンキンに冷やして」、「ゴクッと召し上がれ」

その他にも、シーンが思い浮かぶオノマトペには次のような例があります。

とろ〜り　ぷるぷる　ふわとろ　もっちり　うるうる　あつあつ
スパッと　スイスイ　ドキドキ　ドカンと　キラリ　シャキシャキ
バリうま　グイグイ　ピタッと　ガチで　キュッキュッ

- ピッカピカの1年生（小学館）
- しあわせ、すくすく。（ビクター・エンタテインメント）＊弓削：作
- ツルシコ麺が自慢です。
- 『思い出ガタゴト　東京都電 diary』（書籍　東京新聞出版社）
- 『カチコチ体が10秒でみるみるやわらかくなるストレッチ』（書籍　高橋書店）
- 『ガリガリ君』（赤城乳業）
- 『メガシャキ』（ハウスウェルネスフーズ）

今までなかった新しいオノマトペも生まれてきます。「あごクイされた」のように、若年層やネット、テレビ番組などから新語が誕生してくるのです。そこで、あなたが商品にぴったりの、新しいオノマトペを開発してしまうという手もありますね。

わしゃわしゃ　もふもふ　じぇじぇじぇ
ww（わらわら）　ふぎょぎょ

● きゃりーぱみゅぱみゅ

5 強い言葉③ 感情に触れる言葉

堅いビジネス文書の中に、急に感情的な言葉が混ざると違和感が生じます。このような違和感をフックとして、注目してもらうやり方もあります。

ただし、感情に触れる言葉にはいろいろな種類、可能性がありますので、ここであげているものは一例とお考えください。

- 人生が変わったんです
- これで売れなきゃ、あきらめてください
- 部屋干しのニオイが我慢できない！
- 必ず、もっと早く出会いたかったと思うはず
- ついに閉店します
- 嘘をついていました

「大切なおカネの話」では何のひっかかりもありませんが、**「命より重いおカネの話」**と言われると、ぎくっとします。

同様に、「とてもおいしい○○！」ではなく、**「舌が踊り出す、○○体験！」**と書けば、「まさかそこまで」と思いながらも手を伸ばしてしまうものです。

商品周りのキーワード、買い方のトレンドなどは、そのときどきで変わります。

例えば、**「朝採れ」**と言われると、勝手に新鮮な野菜や果物を連想してもらえた時代もありました。

「ワケあり」の商品なら、お買い得かもしれない、と。

ハリウッド映画で定番ともいうべきフレーズは、**「全米が泣いた（笑った）」**。

これらはいずれも効力を失ったとは言いませんが、今どきのもっとインパクトのある言葉があるでしょう。

それは何か、キャッチコピーを書く段階で考えなければなりません。

手摘み　プロ仕様　モニター価格で　テレビ番組で紹介されました
定番です　ロングセラー　お値打ちの　注ぎたしの秘伝タレ
無添加　有機農法　濃厚な　類似商品にご注意

あるいは、商品の便利さに気づいたときに、思わず口をついて出てしまう感嘆語でキャッチコピーをはじめるというテクニックもあります。

えっ！　ウソッ！　なんと！　まさか！
そうだったのか！　本当に?!　マジで！　トホホ
信じられない！　ありえない！　びっくり！

● ほぉ〜、こんな都市感覚の住まいが欲しかった。（宇部興産住宅）

才能あふれる歌姫、椎名林檎さんの言語感覚は特筆ものですが、彼女の楽曲タイトルやライブツアー名称もぶっとんでいます。

『**輪廻ハイライト**』、『**百鬼夜行**』、『**下克上エクスタシー**』、組んでいたバンド名は『**東京事変**』。歌詞の世界観もすばらしく、この人のことは文豪だと私は思っています。

また、ネガティブ方向に強い言葉としては、次のようなものもあります。

後悔　絶望　破産　懺悔　嫉妬　恐怖　脅威　危険　重病　伝染　激痛
欲望　失敗　崩壊　戦争　事件　犯罪　逮捕　リスク　敵

普通はキャッチコピーに使用されない言葉だからこその違和感、つまり強さが出ます。しかし、場合によってはいかがわしくなってしまうので、使用するときは注意しましょう。

6 強い言葉④ 初耳の言葉

スーパーなどで牛肉の売場に行くと「A5ランク」と書かれていたりします。「A5」の上に「A6」があるのか、逆に「A1」が最高なのかも知らずに私たちは牛肉を選んでいます。

もともとは食肉業者だけの業界用語を、誰かが消費者向けのアピールに使いだしたのでしょう。それを、私たちはまんまとありがたがっているわけです。

本来は、業界用語や専門用語、造語など、お客様にとって意味のわからない言葉をキャッチコピーに使うのは厳禁です。

しかし、未知の言葉は、同時に好奇心や興味を引くことも事実です。

タウリン1000mg配合　バリカタ　コクキレ
ZOOM、ZOOM　上面発酵　イブプロフェン配合

● TNP〈低燃費〉(ダイハツ)
● 結果にコミットする（ライザップ）

書籍のタイトルも、キャッチコピーと同様に「未知のワードはダメ」と言われるのですが、実際には「レバレッジ」(本田直之氏)や「インバスケット」(鳥原隆志氏)など、タイトルに新奇な単語を使用した本がベストセラーになっています。

こうした、未知の単語を使う効用とは何でしょうか。

例えば、商品のメリットを伝えると、たいして効果のない競合品と同じキャッチコピーになってしまうことがあります。そうしたときに、あえて耳慣れない技術用語を差別化の根拠として使用するのです。お客様には何だかよくわからない。けれど、「何かすごいこ

とがあるのかもしれない」と受け止めてくれるのです。

第1章で紹介したインソールメーカーを例に説明します。スポーツ用インソールは、足アーチを上げることを求められます。そのため、ほとんどのメーカーが「足アーチをサポート」と表現しています。インソールをつくっている私の支援先のメーカーも、素直にキャッチコピーを書くとそうなります。

しかし、足骨格の研究の末に発見した特許技術は唯一のものです。その発見とは、「立方骨」という骨に、足骨格の全体が乗っているという事実です。そのため、立方骨を支持すれば足アーチも維持される。だから、耳に新しいこの言葉を差別化の根拠としてキャッチコピーに使用するようにしたのです。

●立方骨で足アーチを守る特許インソール、BMZ。

商品名にからめた造語・新語をつくり出してインパクトを狙うやり方もあります。わかりそうでわからないくらいのテイストが、コミュニケーションのきっかけとなる効用があるようです。

●ミラバケッソ（クラレ）
●グラブってる？（モバゲー）
●なぜ負動産を買ってしまうのか？

一方で、ＢｔｏＢの広告文をウェブに掲載する際は、専門用語をバンバン使っておくほうがよいということもあります。相手もプロなので専門用語で検索し、そのときにヒットしやすいからです。専門用語の解説ページをつくっておけば初心者もフォローすることができるので万全と言えます。

逆に、強すぎる言葉をソフトに変える初耳ワードを使用した例も紹介します。頭髪がさびしくなってきた人に向けたキャッチコピーで、「ハゲ」とは言えません。ダイレクトすぎます。「薄毛」でもネガティブで、ターゲットとなる人ほど不快に響くでしょう。

これを、うまくかわしたキャッチコピーがこれです。

●最近、髪が決まらない？　もしかして、へ・ア・ロ・スかもよ。（東京ビューティークリニック）

7 強い言葉⑤ お悩み・課題ワード

切実な悩みや課題を抱えた人が、いちばん最初に頭に思い浮かべる言葉は、一般的には弱い言葉であっても、（狙っているターゲットにとっては）〝強い〟と言えます。

そこで、ニーズそのものの言葉をキャッチコピーに入れ込んで、ひきつける作戦です。

合格	婚活	モテたい	修理（PCデータ復旧）
住宅ローン	自己破産	節電	省エネ
資金調達	集客	販路開拓	コスト削減
禁煙	腰痛	ヒザ痛	不眠症
ダイエット	薄毛	肌荒れ	シミ

ある基礎化粧品メーカーさんから相談を受けて、肌ケアまわりのキーワードの検索回数

を調べたことがあります。

そのときは、パワーがありそうな「アンチエイジング」や「肌荒れ」などを抑えて、「保湿」というキーワードの検索回数がダントツでした。つまり、「保湿」が肌に違和感を感じた女性が最初に思い浮かべて検索する言葉だということです。

これは、ウェブ上ではもちろん、普通のチラシなどのキャッチコピーに使用しても注目してもらえるキーワードに違いないのです。

- 「合格」というゴールを一緒に目指す講師陣がいます。
- 大人の女の肌質は〝保湿〟で決まる。
- 腰痛を「持病」だと諦めている方、ぜひご来院を。
- 10万円の節電ができれば、利益が10万円増える。

8 強い言葉⑥　ギャップのある言葉

キャッチコピーには不似合いな言葉、または不釣り合いな組み合わせの言葉で注目させる手法です。

以前、窓やドアなどの建材メーカーのために書いたのが、次のキャッチコピー。

●**建て主の後悔**（現LIXIL）＊引削：作

家を新築したというのに、建て主が後悔している、という意外な場面。実は、豊富な建材を選べるショールームに来ていたら、もっとよい家が建てられたのに、という後悔なのです。

● 大人の修学旅行
● 会いにいけるアイドル
● 英会話が生きている
● ステーキでダイエットできるのを知っていますか？
● 南海キャンディーズ
● 廃業寸前の町工場が、売上200％達成

「○○なのに、□□」という公式に当てはめてみるのもありです。○○と□□に入るのは、もちろんギャップのある組み合わせ。有名なのは、これですね。

● コクがあるのに、キレがある（スーパードライ　アサヒビール）

9 強い言葉⑦ 方言

方言を使うと、体温や親しみを感じてもらうことができます。
宮崎県知事選挙を決定づけたのが、この言葉でした。

●**どげんかせんといかん**（東国原英夫氏）

地方創生の時代ですから、商品のルーツとなる地域性を前面に出すのは悪くありません。

●**ええじゃん広島**（広島県）
●**ハイサイ沖縄**（沖縄県）
●**痴漢、あかん**（大阪府）

これらの作品例では、他の地域の人でもだいたいの意味は想像がつきます。しかし、その地域の人でなければわからない方言を使うやり方もあります。

キリンビールの高知支店が成功した事例が話題になりましたが、そのときに使われたキャッチコピーがこちら。

● たっすいがは、いかん！（キリンビール）

高知弁なのですが、意味がわかりませんね。この「たっすい」は薄い、頼りないという意味なので、「頼りないビールはダメだよね」という主張になります。

高知県内でしか通じないキャッチコピーにすることで、観光客に「？」のインパクトを与えています。宮崎県の**「ンダモシタン小林」**（小林市の観光・移住ＰＲ「おや！まあ」の意味）や**『とっぱちからくさやんつきラーメン』**にも、同じ狙いが見えます。

しかし、それ以上にこのキャッチコピーが成功したのは、地元でしか通じない表現がより強固な共感を住民に生んだからです。

和歌山県の交通標語は**「つれもてしようらシートベルト」**。シートベルトを一緒にしようという意味ですが、こちらも「ともに地元の街を守ろうよ」と、結束を促す効果があるのです。

10 強い言葉⑧ 新語・流行語

毎年、流行語が生まれ、新語が誕生します。そのようなタイムリーな言葉を使うことで共感を呼び、ニヤリとさせる手法です。

近年で言えば、セールチラシなどで使うのにぴったりの流行語として、**「〇〇ファースト」**や**「神対応」**、**「35億♪」**、**「今でしょ！」**、**「倍返し」**などがありました。

しかし、新語はすぐに色あせてしまいますし、流行語は1年も経てば忘れ去られてしまいます。とくに、少し前に流行った言葉を使うと、読み手は痛々しく感じます。

ですから、メルマガや折込みチラシ、ＰＯＰなど、タイムリーにお客様へ届けられる媒体で使用することを前提としたほうがいいでしょう。

過去10年ほどの新語・流行語大賞で選出されたトップ10には、キャッチコピーとの相性のよさそうな次のような言葉もありました。

半端ないって（2018年）プレミアムフライデー（2017年）
アモーレ（2016年）壁ドン（2014年）
アベノミクス（2013年）維新（2012年）
イクメン、女子会、～なう（2010年）こども店長、草食男子（2009年）
埋蔵金（2008年）
例えば、チラシのキャッチコピーで、次のような活用法があるわけです。

- **品ぞろえがハンパないって！**
- **今週はウチもお得なプレミアムフライデー**

とくに行政発のキーワードは幅広い年齢層に知られるものになりますので、認知度が高く、使いやすいと言えます。

クールビズ、クールジャパンなど、**「クール～」**は、周期的にキーワードになっていますね。

11 強い言葉⑨ 決まり文句

昔からキャッチコピーによく使われる、いわば定番の表現です。斬新さもなく、あまりオススメするものではありません。しかし、どうしてもアイデアが出なくて困ったとき、またはは時間がないときに使うと、とりあえずキャッチコピーらしく着地します。

～主義　～宣言　～物語　The～　～革命　～の結論
～のある生活　～体験　～タイム　～学　～感覚　～気分
拝啓～様　○○美人　～問題　永遠の～　主役は～　～の保存版
～する方法　～の原点　～の世界　～注意報　諸君！　～にご注意！
～新時代　～新世紀　～新世代　～新発見　～誕生　～自由自在
～への招待　～辞典（図鑑）　～を応援します　～を提案します
いきいき～　間違いだらけの～　新開発○○製法採用　日本発、世界初いずれも、どこかで見た感じですが、座りはよくなりますね。つい私も、〝デスクトップ〟マシンの新機種のキャッチコピーに、こんなのを書いていました。

● **これが机上の結論です。**（EPSON）＊弓削：作

また、英語を使えばなんとかなると考えられていた時代もありました。大手企業ならともかく、言うべきことがあるはずの中小企業が「英語ならカッコいいから」と思うのはいただけません。ウチだけの独自性を主張するチャンスを捨てることになります。

● **The Power of Dreams**（本田技研）
● **Drive Your Dreams.**（トヨタ）

故事成語や四字熟語、古典などをそのまま使ったり、パロディにしたりする手法も定番です。ただ、出典を知らない人も増えていますので、注意が必要です。

● **僕の前に道はない。僕の後に道はできる。**（日本航空）
● **先んずれば人を制す。**（朝日ニュースター）
● **絵にもかけない面白さ。**（カドカワ）
● **転ばぬ先の、ベータカロチン。**（大塚製薬）

その他にも**「驚異の」**や**「魔法の」**のような画数の多い単語があります。むかしから使われていて、充分に手アカのついた感のある言葉ですが、目に入るとつい読んでしまう効果はあります。

衝撃の　驚愕の　奇跡の　緊急！　警告！　怒涛の　究極の　禁断の
秒殺で　秘訣　爆！　超！　激安　華麗な　感動の　厳選した

● **衝撃のクライマックスから目を離すな！**（映画）

12 「普通の言葉」と「強い言葉」の言い換えルール

キャッチコピーを書き上げたけれども、普通の話し言葉のようでインパクトがない。そのようなときは、いくつかの言葉を強いキーワードに言い換え、置き換えていきます。同じ意味でありながら、力強い別の表現をどう探したらよいか。

このとき役に立つのが類語辞典です。類語辞典とは、ある言葉と似た意味合いを持つ言葉を調べることができるものです。オススメは角川書店から出ている『類語国語辞典』ですが、今はさまざまな辞典が出ていますので、探してみてください。

また、ウェブには無料で使えるサービスサイトもあります。同じ意味を持ち、もっと強くインパクトのある言葉はないかと悩んだときに役立ちます。私も、よく利用させてもらっています。(連想類語辞典　https：//renso-ruigo・com/)

意味が同じでより強い言葉に置き換えていく以外に、価値を高めるような言い換え方もあります。

例えば、「知恵の輪」は**「脳トレグッズ」**と位置づけて成功しました。

また、「通信販売」では安っぽいけれど、**「お取り寄せ」**や**「頒布会」**と呼ぶと、なんとなくセレブのお買いものっぽくなりますね。

「トイカメラ」も、芸術っぽい味わいのある写真が撮れるという意味では、**「アートカメラ」**と呼んでもいいかもしれません。

いわば、言葉のアップグレード。上質さを思わせるキーワードを見つけたら、日頃からメモを取っておくことをオススメします。

以下に、キャッチコピーに使われる頻度が高いポジティブな言葉について、いくつかの言い換え例をあげておきますので、参考にしてください。

短時間で	60分仕上げ、当日配送、一瞬で、まばたき禁止
簡単	毎朝5分でOK、サルでもできる

儲かる	年収３０００万円がずっと続く、売上3倍
高品質	プロ仕様、極上の
厳選された	直営農場で収穫した
じっくり	10日間、じわぁーっと、コトコトと
低価格	感動プライス、他店と比べてください
全品５％ＯＦＦ	20人に1人 購入品が全額無料
お得	お値打ち
口当たりが最高	ふわとろ食感、シャキシャキ
口溶けがスムーズ	34℃のマジック
歴史ある老舗	創業60年、慶応3年創業
確実に	89％が、鉄板
豊富な	24パターンから選べる
軽量	羽毛の軽さ
やせる	3ヵ月で5キロ減
できる	～し放題、心ゆくまでできる

必要	もう手放せません！
除菌できる	バイ菌を99・9%除去
よいサービス	神対応
実績のある	県内で50棟
意外	想定外
初心者	ずぶの素人が
長持ち	2ヵ月来店不要のヘアカラー
大切なおカネ	命より重たいおカネ
がんばれる場所	踏ん張れるピッチはここだ
迷惑かけていませんか？	あなたは嫌われている
人気です	売れすぎて困っています
感動しました	涙が止まらず困りました
買いものにはタイミングがある	今は買うな
防腐剤不使用	くさる化粧品

13 強くて気になる言い回しを使う

キャッチコピーには、強い言葉選びの他に記憶に残りやすい印象的な言い回しをする方法もあります。

例えば、「AはBです」のような文章を書くときに、**「Aは、意外とBなんです」**と書くと、少しひっかかりができます。強い言葉の強引さはありませんが、本音を明かされたような気がして心にすっと入ってきます。

- **Aって、やっぱりBなんです。**
- **Aは、つまりBになってしまうのですね。**

コピーライター、仲畑貴志さんによる効果的な実例がこちら。

● **知性の差が顔に出るらしいよ……困ったね。**（新潮社）

簡潔な文体ではなく、心のつぶやきにも似た余分な表現を足すことで味わいや人間らしさがにじみ出てきます。

次のキャッチコピーも、お客様に共感してもらうことを狙った例です。

● **アイツは時間にルーズなやつだと思いこまれつつある。マズイ。マズイ。**（目覚まし時計　ソニー）

● **目のつけどころがシャープでしょ。**（シャープ）

● **太るのもいいかなぁ、夏は。**（伊勢丹）

● **今度の恋は、長編にしたいな。**（角川書店）

よく、「一度食べればわかるおいしさ！」とか「体験すればわかる、この肌触り。」のような表現があります。どれほどお客様の心を動かすかは未知数ですが、次のように書いたらどうでしょう。

●**触ってごらん、ウールだよ。**（国際羊毛事務局）

キャッチコピーで、「～ごらん」という言い方はあまりしません。それだけに、なんだか親しい人にささやかれたような響きがあり、素直に従ってしまいそうです。

また、ストレートな肯定文よりも、「Aは、Cではないのです」のような否定文にするほうが強い文章になります。

●**貯金より投資がオススメ**

←

●**『お金は銀行に預けるな』**（書籍　光文社）

●新しい出会いがあります。
←
●まだ、ここにない出会い。（バイト求人誌　リクルート）

本書にも、「機能や特長をキャッチコピーに書いてはいけない」という項目タイトルがありますが、これが「メリットや便利さをキャッチコピーに書きます」では印象に残らず、重要なこととは認識してもらえないでしょう。

第4章

当てはめるだけで
どんどん書ける
「31の表現パターン」

1 質問する

質問をされると、つい反応したり、答えを考えてしまうのが人間というもの。そこを見込んで、「?」で終わる疑問文にする表現パターンです。

- **彼が就活に成功した理由を知りたくありませんか?**
- **知っていましたか? ○○があることを**

「便利な（お得な）○○があることをご存じでしたか?」と問いかけると、売り込みをされているというよりも、役立つ情報提供をしてくれているという印象になります。

リスティング広告などでは、単純にクイズを出して「答えはこちら!」と表示してクリックしてもらうやり方も威力を発揮します。次のようなキャッチコピーです。

● 腰痛がラクになるツボはどこ？

ベストセラー本のタイトルでも、『さおだけ屋はなぜ潰れないのか？』（光文社）や『USJのジェットコースターはなぜ後ろ向きに走ったのか？』（角川書店）のように問いかけるタイプは鉄板です。

質問の内容としては、嘘をつかれてドキッとするようなものだと理想的。インパクトを与えることができます。

● 敬語の間違いで恥をかいていませんか？
● 大人になりたいか？　おじさんになりたいか？（大塚製薬）

セールスの常套手段でも、一方的に説明を続けるより、質問して相手に語らせよ、という教えがあります。買うか・買わないかを迷うお客様に「買うとしたら色は白がいいですか、青にしますか？」と質問し、だんだん買う雰囲気をつくり上げていくテクニックです。

2 名指しする

「自分ごと」として受けとめてもらえれば人は動く、と言われます。「あなたがターゲットですよ」と、はっきりと名指しして、振り向いてもらう手法です。

例えば、新宿駅前の雑踏で、「皆さーん」と呼びかけても誰も足を止めてはくれないでしょう。しかし、ここで「ワタナベさん！」と呼びかけたら、2、3人のワタナベさんは確実に反応してくれます。

つまり、そのままターゲットの絞り込みになっているのが名指し効果です。

- 仕事ではクルマを使わないあなたへ。
- 年間走行距離が1万キロ以下なら。
- 最近、よく眠れないあなたに。

近年、不眠を訴える人は6割を超えていると言いますから、多くの人が投網にかかる絞り込み方ではあります。

同様に、若い男性のほとんどが気になっているのではないかと思われるのが次のテーマ。

●雑談が苦手というあなたに。

富裕層をターゲットとしていなくても、**「選ばれた人の……」**、**「本物を知る人の……」**、**「ワンランク上の……」**、**「上質を求める人の……」**、**「この価値がわかる方だけに」**などの呼びかけは、自尊心をくすぐるかもしれません。

●肌トラブルのない方にはお売りできません。

などは、機能性を訴求しながら、ターゲットを絞り込んでいるようで絞り込んでいない、という好例です。

3 実績を語る

商品の評価や販売実績で勝負をする切り口です。

「多くの人が選んでいるのなら間違いない」と考えて手を伸ばしてしまう「バンドワゴン効果」と言われる心理的手法を使います。他者の目を気にするのが島国日本のメンタリティです。昔から日本人はランキング、番付が大好きですから。

- **15秒に1個、売れています。**
- **当店人気ランキング連続1位**

ある商品がある店舗に限り2～3ヵ月連続で売上1位になる、なんてことはよくあります。だから、実はあまりたいしたことではないのですが、これをアピールすると、なぜか説得力が出ます。

どこのお店でも、「売れてます！」と赤字で書かれた〝既製品〟のPOPをよく見ますが、これが結構効くのです。

実績を証明する根拠としては、「販売数、性能分析データ、比較グラフ、お客様の声、アンケート結果、ビフォアアフター写真、顕微鏡写真、臨床データ、受賞歴、特許」など。ライザップのCMでは、見事なビフォアアフター（使用前・使用後）の証拠が出てきました。

最近でこそ、周囲と違うことを求める人が増えてきましたが、それでも日本人は横並びが安心。とくに女性は「大勢の人と同じでよかった」、「みんなと一緒のほうが楽しい、正しい」となりやすいのです。

- **愛されて1万本出荷**
- **本物を知る人に選ばれています**

実績としては、**「1位を獲得！」**や**「3000個販売達成！」**などのように具体的に書くことが効果的です。1位でなければ、1位になれるところまで絞り込んでいけばいいのです。

「世界一おいしいビールです」とは書けませんが、**「世界一おいしいビールをつくろうと思いました」**（サントリー）はセーフ。商品カテゴリーや販売地域、味覚コンクールのサイズを狭めていけば、何かでナンバーワンになれるでしょう。

- **楽天市場でいちばん売れてます！**
- **発表！　東京圏売上ベスト3**

あるいは、「初の何か」でも大丈夫。**「日本初」**、**「新潟県初」**、**「長岡市初」**、**「21世紀初」**、**「本年度初」**。これも、対象地域や商品カテゴリーを狭めていけば、どこかで「初」にたどりつきます。

- **日本初！　自動運転カーの自動車保険**
- **業界初。密着5枚刃だから剃り味が違う**

4 手軽さをアピールする

お客様は誰でも、あまりおカネを払わず、ラクをして、よい結果を期待するものです（かく言う私もそうです）。

ですから、**「片手間でできます」**、**「1日5分間で」**とか、**「ほったらかしで儲かります」**のような怪しげな（?）フレーズもよく見かけますね。

- **がんばらない血糖値対策を**
- **普通の主婦でも株で勝てる!**
- **寝ている間に太陽光発電が稼いでくれる**

ダイエット法の変遷を見ても、**「〜を食べるだけ」**、**「貼るだけ」**、**「履くだけ」**から**「記録するだけ」**、**「巻くだけ」**、**「押すだけ」**、**「気づくだけ」**、**「寝るだけ」**ときて、ついに**「ゼ**

ロトレ」までできました。想像以上に人はものぐさなようです。

そこで、そういう人たちに向けて（こんなにうまい話がありますよ、苦労せずにできますよ）と、甘い言葉をささやくというわけです。

- **10秒チャージ**（ウィダーinゼリー　森永製菓）
- **聞き流す英会話教材**（スピードラーニング）
- **おかず簡単レシピ**
- **ネットで学べるパソコン教室**
- **スプーン1杯で、驚きの白さに**（アタック　花王）
- **ウチのお風呂でエステ効果**
- **『世界一やさしい問題解決の授業』**（書籍　ダイヤモンド社）

「苦労せずに」をオノマトペを使ってわかりやすく伝えたのが次の書名です。

- **『300万円で大家になって地方でブラブラ暮らす法』**（書籍　ダイヤモンド社）

5 非常識で目立つ

文字通り、常識とは異なる主張をするキャッチコピーです。当然のことながら、ごく普通の主張を書いたところで流されてしまいます。意外な主張をしてこそ、注目してもらえる可能性が出てくるのです。

このアプローチ法は、「ウリを強調して、今すぐ売ろう！」というのではなく、とにかく目を留めてもらって本文を読んでもらおう、欲しいもののリストに入れてもらおうという作戦。いわば、２ステップで売ろうという間接ワザです。

- **『千円札は拾うな』**（書籍　サンマーク出版）
- **『英語は絶対勉強するな！』**（書籍　サンマーク出版）

食品の広告なのに「まずい」、お店なのに「店員の愛想が悪い」など、一歩引いてみせるキャッチコピーもあります。

嫌われたり、看板倒れになったりしない範囲で、常識とは異なる視点からアプローチをすることで、見込み客の目に留まる逆説的なキャッチコピーができます。

- **店員は無愛想だがカメラは安い、〇〇〇カメラ**
- **好きなだけ食べてやせる方法**
- **はっきり言って少し高いです**

これらは、心理学の分野では「認知的不協和」と呼ばれる効果です。一般常識とは異なる情報を提示されると違和感をおぼえ、強烈に印象づけられてしまうのです。

けれども、むりやりにひねり出した主張では信用してもらえません。きちんと研究を重ねた末にたどりついた、逆説的だけれども正しい視点を提示してください。

- **広告をやめたら売上が伸びた。**
- **『営業マンは断ることを覚えなさい』**（書籍　明日香出版社）
- **『価格、品質、広告で勝負していたら、お金がいくらあっても足りませんよ』**（書籍　クロスメディア・パブリッシング）

そういえば、かつて「諸君、学校出たら勉強しよう」という逆説的なキャッチコピーがありました。でも、今ではむしろ当たり前のことと受け取られてしまうかもしれませんね。

あるいは、モノを売っているはずなのに「買うな！」といってくる禁止のインパクト。禁止されると、かえって行動したくなる心理を「カリギュラ効果」と言います。怖いもの見たさにも似ているかもしれません。

- **今は家は買うな！**
- **このジャケットを買わないでください**（パタゴニア）
- **決して一人では観ないでください**（映画『サスペリア』）

6 限定する

「残り○個のみ！」と聞くと、つい買ってしまったり、行列に並んでしまう人がいます。そういう人にとって、強力な誘惑になるのが「限定」です。

旬のおいしさも、一種の限定です。

各地の農産物などを商品化した加工特産品の合言葉も、**「今だけ、ここだけ、あなただけ」**。旅先の土産店などで**「今がちょうど旬！」**や、**「○○村だけの特産品！」**と言われると、ついお財布のヒモがゆるむということもあります。

地方の小規模店舗が大手チェーンに対抗するには、**「全国でもここだけ」**という限定感が購入を決断してもらう上での武器になります。

限定する項目としては、「生産・販売数量、価格、期間、地域、店舗」など。

- 1日10食限定のトロ丼
- こちらの会場だけで販売しています
- 女性限定マンション
- 特別価格のため、お一人様3個まで

どんな商売も多く売りたいはずなのに、「3個しか売らない」と言われると、「売れるたびに赤字が出るくらいの特価であり、買わないとこちらがソンだ」、などと考えるのですね。

私は東京・浅草に住んでいますが、周辺には小さな靴メーカーや皮革工場が多いため、次のようなコピーが書かれたアウトレットセールのチラシが届くことがあります。

- ○○地区にお住まいの方だけの限定セールです

近所の奥様たちは、結構チェックしているようです。地元の工場が、「日頃ご迷惑をかけることもありますので、お得なセールにご近所の方だけご招待します」というニュアンスですと、「いかなきゃソン」と感じてくれる人も多いでしょう。

また、時間や期間の限定は、緊急性をつくり出すことでもあります。「特別価格は24時間後まで」と条件をつければ、のんびり「そのうちに」と考える人も、機会損失の前に決断を迫られるわけです。

ランディングページなどでは、わざとらしくデジタル時計がカウントダウンの数字を刻んでいたりしますね。

- **30分だけのタイムセール！**
- **今なら間に合う、エコカー補助金**
- **幸水は8月20日で終了します** ※幸水は梨の品種

どこかに「閉店セール」を何年も続けているお店があると話題になっていましたが、効果があるのでやめられなくなったのかもしれません。住宅地立地の店舗ではムリですが、観光地立地であれば効き目があるのでしょう。

7

擬人化する

商品を擬人化したり、人名を出したりして、商品自身に語らせ、キャラクター性を出すテクニックです。

大ヒットしたテレビドラマに**『半沢直樹』**がありました。原作小説のもともとのタイトルは『オレたちバブル入行組』と『オレたち花のバブル組』。かなり内容とギャップがありますね。番組のプロデューサーらの、人の生き様を描くドラマにしたいとの意向から、タイトルが決まったと言います。ちなみに**『課長 島耕作』**のようにしなかったのは、出世したときにも変えなくていいからという意図もあったようです。

もちろん、有名人を宣伝キャラクターに起用すれば名前も自由に使えますが、中小ビジネスではそうもいきません。しかし、やり方はあります。

例えば、汚れがよく落ちると評判の洗剤のネーミングが**「茂木和哉」**。社長さんの名前そのままのインパクトもあって、今では知名度がずいぶん高くなっています。
また、歴史上の人物と関わりがあるなら、徳川家康もシーザーも使えます。

- **『伊右衛門』**（サントリー）
- **『久右衛門』**（大坂屋）

店頭POPなどは、商品や周囲のモノ（動物）が語る設定にすることで、お客様と会話するようにアピールポイントが伝わります。次のキャッチコピー例の2本目は、リサイクルショップなどでキズがある商品のPOPにぴったりでしょう。

- **3週間も寝かせて熟成してもらいました！**
- **僕、ケガしてるけど誰か連れて帰ってね**
- **俺って、あがり症なんだ。——花火**（豊島園）
- **ワタシはこの家のテーブルですが……。**
- **猫のボクは、心地よい場所を知っているんだ。**

8 希少性を訴える

なかなか手に入らない、希少価値のある商品を提供しているのですよ、と主張するやり方です。モノがあふれる今、あえての品薄感・レア感により、「何としても手に入れたい」という購買心理に働きかけ、行動を促します。

知名度がないことを逆手にとって、「知る人ぞ知る、幻のブランド」と位置づけることはウリを転化する項（第2章-4）でも述べました。

- **1頭のサメから200gしかとれません。**
- **人類が発見したプラチナはこのプール1杯分だけ。**
- **希少な成分を使用しているので、大量生産できないのです。**

今はヤフオクやメルカリで、古びた商品が高値で落札されているのを見ることがあります。これなども、生産が終了しており、市場に出回っている数量が少なければ少ないほど高値がついたりするわけです。

その他でも、「他社では製造できない、取り扱えない商材ですよ」という希少性などもあるでしょう。また、商品そのものに希少性が見出せなくても、販路を絞り込み、買えることが希少であり、「ラッキーなんですよ、お客さん！」とアピールする方法もあります。

●一部のヘアサロンでしかお求めになれません。
●エグゼクティブ会員しか参加できないセミナーです。
●非売品です。

「次の入荷は未定」などと、ぶっきらぼうに書かれていると、必要もないのに買ってしまいそうになります。

京都の老舗料亭が「一見さんお断り」と看板を出しているわけではないけれど、「あの店は紹介がないと行けないんだよ」と伝わると、行くことに価値があると考える人がいるのも同じ原理です。

9 お客様の声を代弁する

ここでいうお客様の声とは、いわゆる「生のお客様の声」や評価ではなく、買ってくれた人や、買おうとする人の心理を代弁したつぶやきです。

つまり、ニーズ（＝お客様の希望）を言語化するということ。そこには、「私もだ」という共感を呼ぶ仕掛けが生まれてきます。

- **なんでそんなに元気なの？って訊かれるんです**（健康食品）
- **梅雨時の洗濯物ってニオイが気になる**
- **最初は、普通の卵と同じでしょ？って思ったんです**

いわば、お客様の立場を徹底して想像するところから出てくる「ひとり言」のような感じでしょうか。

● **そうだ 京都、行こう**（JR東海）

この大ヒットキャッチコピーも、平凡な日常から脱出したい人の内なる心の声を代表したものだったと思います。その他にも次のようなキャッチコピーがあります。

● **こんなカツサンド、食べたことない！**

● **なんで、私が東大に!?**（四谷学院）

● **私、レンズを交換するタイプの女なんです。**（キヤノン）

第三者風に「〜するなら、○○がよいようです」という表現もあります。

● **リフォームするなら、このマッチングサイトがいいみたい。**

10 だじゃれにする

だじゃれで爆笑をとろうということではありません。それでも、つい笑ってしまい、記憶してしまうものです。キャッチコピーは、とにかく記憶してもらえたら及第点。印象に残るだじゃれを考えてみましょう。

- **いってみヨーカドー**（イトーヨーカドー）
- **あー、もーん…どーしよー!!　アーモンドしよう♪**（チョコレート　明治）
- **URであーる♪**（UR都市機構）

ご覧のように、決してレベルが高いとは言えませんね。でも、それでいいのです。ちょっとツッコミが入るくらいが、よい距離感なのです。

それに対して、よくできただじゃれコピーをつくり続けた有名コピーライターが故・眞木準さんです。**「でっかいどう。北海道。」**や**「裸一貫、マックロネシア人。」**なんて名作がありました。その他にも、次のような作品があります。

- **ネクタイ労働は甘くない。**（伊勢丹）
- **幸服を買う。**（伊勢丹）
- **夢国籍でいこう。**（伊藤忠テクノサイエンス）

私の講師仲間が眞木準さんに会ったときに、「眞木さんのキャッチコピーって、みんなだじゃれですよね？」と失礼な質問をしたところ、**「いいえ、おしゃれです」**と返したとか。なんと、返答までだじゃれになっていますね。

私も、だじゃれコピーはたまに書きます。

- **テトリストが、増えてしまう。**（テトリス　BPS）
- **ジャムで味わう、果実力。**（雪印ドール）＊弓削：作このキャッチコピーが雑誌やポスターで露出して数ヵ月経ったとき、テトリスをプレイするテレビ番組で、ダウンタウンの松本さんが「ぼくはテトリストと言われてますからね」と言うのを聞き、ちょっとうれしかったですね。

ここからは、ハイレベルな（？）だじゃれキャッチコピーを紹介します。

●コウカイを繰り返して人は強くなる。（海上自衛隊）
●ホテルは急に泊まれない。（全日空）
●のぞみへ。先に行ってるね。（ＪＡＬ）

ところで、携帯キャリアａｕの三太郎シリーズは、日本の英雄だから。これ、気づいていない人は多いようです。

また、ネーミングもだじゃれによる例がたくさんあります。

●『うどんですかい』（JAL機内食　空＝スカイのしゃれ）
●『ハリナックス』（ハリのないステープラー　コクヨ）
●『GOPAN』（ライスブレッド焼き器　パナソニック）

弓削のだじゃれネーミングは、

●『うまいんじゃが！』（雪印）＊弓削：作
●『お弁当ほうれんソーセージくん』（雪印）＊弓削：作

だじゃれ以外でも、冗談の力は有効ですね。

●一目で義理とわかるチョコ（ブラックサンダー　有楽製菓）
●お前も足立区民にしてやろうか（足立区民放送）

11 ドラマ調で行く

キャッチコピーをテコにして物語をつむぎだしたり、フックの効いた舞台設定を用いてお客様を引き込む手法です。小説の一節のようなドラマチックな語りで、しっとりと読み手に興味を持ってもらいます。

キャッチコピーの役割の一つに、本文（続き）を読ませる、というものがあります。なかなか長文を読んでもらえない時代に、「これは面白いかも」と感じさせることができれば強いチカラとなりえます。

- ドライマティーニを2杯飲んでいるうちに、街は雪になった。（サントリー）
- 僕は引きこもりでした。あのことを知るまではー
- 私がピアノの前に座るとみんなは笑いました。でも、私が弾きはじめると……

ピアノの例は、米国で伝説となった新聞広告のキャッチコピーで、日本でもよく似た広告が数多くつくられています。

●好きな人に借りた本は、いつのまにか好きな本になっていた。
●お母さんの声援が聞こえるから、息つぎが好き（スイミングスクール）
●料理の中で、サラダだけは失敗が許される。（キユーピー）

また、物語の一つに、商品をつくるまでの道のり、使命感を語る方法があります。

お客様は、商品のこだわりポイントだけを聞いても「そんなものか」と感じるだけです。しかし、開発者がなぜそこにこだわったのか、どんなきっかけや気づきがあったのかという物語を語ると、興味が湧くものです。

商品特性や新技術そのものより、それを開発した2代目社長の物語にしたり、ムリだと言われ続けた孤独な開発担当者のストーリーにしたほうが共感を呼び、ウケることもあるわけです。

●あの日届いた1通の手紙、すべてはそこからはじまりました。

以前、もったいないと感じた商品に、滋賀県近江八幡地方の赤いこんにゃくがあります。こんにゃくが赤いので、はじめて見た人には奇妙であり、価格も高いので手を出しづらい。しかし、この赤には〝開発〟の物語があるのです。

安土桃山時代、派手好きの織田信長があらゆるものを「赤くせよ」と命じたというのです。こんにゃく業者はムリですと抵抗しますが、信長は許さない。苦労の末、赤こんにゃくができあがり、いまも当地ではお祝い事のあるときに食したりしています。

●織田信長の命でつくられた、めでたい赤こんにゃく

しかし、商品パッケージにも、ＰＯＰにも、そんなキャッチコピーは書かれていません。歴史好きにも好まれそうなこの物語を伝えれば、由緒を知った観光客が購入し、写真や食味の感想をＳＮＳにアップして拡散してくれるはずです。

12 何かに例える

お笑いの世界で、かつてはボケ役の人ばかりが人気になっていましたが、最近はツッコミ役でブレイクする人が多く現れました。「欧米か!」の『タカアンドトシ』のトシさん、「高低差ありすぎて耳キーンなるわ!」の『フットボールアワー』の後藤さん。

そして、例えツッコミで人気を獲得したのが『くりぃむしちゅー』の上田さんです。似ているけれど、まったく異なるものに「【阿藤快】と【加藤あい】くらい違うわ!」。流行に乗り遅れたような発言に対して、「11月に【冷やし中華はじめました】くらい遅いよ!」。

おもしろい例えは、その納得感に笑ってしまいます。キャッチコピーで言えば、明解に何かに例えることで脳にインプットしてもらうやり方です。

- **マチのほっとステーション**（ローソン）
- **富山の旅はこころのおくすり。**（JR東日本）

そもそも広告をつくることは例えを考えることであったりします。何かに例えることで、商品をすんなりと理解してもらったり、お客様の心の中での居場所をつくってもらったり。一言で伝えなければならないキャッチコピーには、最適の表現パターンなのです。

- **それは小さな栄養士。**（大塚製薬）
- **熱帯魚のサラブレッド、つくる。**（熱帯魚を育てるゲーム　BPS）＊弓削：作
- **下町のナポレオン**（いいちこ）
- **発酵食品は、あなたの健康管理士**（納豆、ヨーグルトなど）

ネーミングも、別カテゴリーのものに例えた作品が多くあります。

『電気ブラン』とは、電気が普及した時期において、「電気のようにビリビリっとくる」アルコール飲料だということで命名されました。

最近では、ナイキの『エアジョーダン』にインスパイアされ、『Mac book Air』のように「軽いものならエア」をつけたり、エアバンド、エアギターのようにフリだけというときにも使われたのは記憶に新しいところです。

13 行動の矛盾をつく

近年、「行動経済学」という言葉をよく耳にします。これは、人は常に合理的な選択をして生きているわけではありませんよ、心理的な側面も観察しなければ間違えますよ、と主張する新たな経済学です。

たしかに、雰囲気に押されておかしな判断をしてしまうことってありますよね。衝動買いしたものの、結局は一度も着なかった洋服なども似たケースでしょうか。そうした判断の矛盾をつき、再考を促すのがこの表現法です。

例えば、クルマを買うとき。車種をあれこれ時間をかけて選び、価格もディーラーとやり合って値引きしてもらい、一大決心で購入のハンコを押します。ところが、ついでに「自動車保険も入りますよね」と営業マンが出してきた書類に、はいはいとハンコを押してしまう。そんな方へ。

●自動車は慎重に選ぶのに、自動車保険は？

ネットで探せば、もっと条件のいい保険もありますよ、クルマと同じくちゃんと選んでください（そうすれば当社のほうが有利と気づくはず！）、と言いたいわけです。

あるいは、バスタブのお湯の浄化装置。最近は、飲み水に気をつけている人が増えており、ミネラルウォーターを買ったり、水道に浄水器をつけたりしている人も多いでしょう。一方で、お風呂のお湯も直接、肌に触れますし、口に入ることもある。同じくらい注意を払ってもよいはずです、と問いかけるのがこのキャッチコピーです。

●飲み水は気にするのに、毎日のお風呂は無関心？

ハッとさせられますね。とくに、小さいお子さんがいるお母さんは真剣に考えはじめるかもしれません。需要を創造する、うまいキャッチコピーです。その他にも次のような例があります。

- パソコン仕事が長い人ほど、ブルーライトを気にしない。
- この国に、いちばん必要な仕事が、いちばん足りていない。（専門学校）
- みんなきっとなくなってから言うのよ、あそこはよかった、って（喫茶店）
- 平和なんて、気づかないから平和。（アースミュージック&エコロジー）
- 女は三度、水を流す。（TOTO）
- 子供服は一生モノです。だって写真に残るもん。（西武百貨店）

すぐに成長する子どもの服はとにかく安いものをと考えがちですが、ある意味では一生物。子ども服の選び方を考え直させる、秀逸なキャッチコピーですね。

14 危機感をあおる

ウェブでは、長～いランディングページなどであおり系のキャッチコピーをよく見ます。しかし、あおりすぎると不信感や、いかがわしさを生みます。そんなことでは、ビジネスそのものも長続きしないでしょう。

そこで、あくまで良識の範囲で情報を提供し、危機感を感じてもらおうというのがこの表現法「フィア・アピール（恐怖のアピール）」です。

基本的には「ウチの商品を選ばないとひどいことになります」、と主張することがキモ。例えば、英語は早くはじめるほど身につくということを伝えるのに、「英語教育は早くはじめよう」では普通の表現すぎます。ここは、危機感を持たせるべく、つきはなしてしまうのです。

● **英語教育は3歳までに決まる。**

私はシャンプーなどヘアケアメーカーの支援先が複数あり、どうして髪が傷むのかについてはちょっと詳しいのですが、普通のシャンプーで毎日、洗髪していたら傷みます。

● **髪は、毎日のシャンプーで傷んでいる**

また、今のところはよいけれど、将来は必要になる商品で不安をあおる表現もあります。健康やおカネ、災害など。深刻な少子化や大規模災害への懸念があるためか、書籍にも生活の不安をあおるタイトルがよく見られます。

● **老後の資金、大丈夫？**

● **首都直下地震はいつ起きてもおかしくない**（東洋経済オンライン）

● **『地方消滅』**（書籍　中央公論社）

15 必要性に気づかせる

商品は、わかりやすく切実なニーズのあるものばかりとは限りません。今までになかったカテゴリーの新商品なら、その便利さを教えなければ「欲しい！」と思ってもらえません。

そこで、本人も自覚していない隠れたニーズをオモテに出してあげる必要があります。

キャッチコピーの役割として、お客様のニーズを顕在化したり、お悩みを解決できる商品・サービスの存在を気づかせてあげるメッセージを伝えるのです。

- **実は風呂釜はバイ菌でいっぱい**
- **オタクのお風呂はもっと広くなるかもしれません**

（こんな商品、私には関係ないわ）（とくに問題はない、困っていない）と思い込んでいる見込み客に、「買ってみたら便利」、「試したらおいしい」と気づいてもらうことができれば、市場はひと回り大きくなるはずです。

最近は、スメハラ（スメル・ハラスメント＝ニオイの迷惑）という言葉まであります。ニオイ系の商品は、本人が気づきづらいということもあり、気づかせる系のキャッチコピーになりがちです。

●あなたの耳ウラ、迷惑をかけていませんか？

新しいカテゴリーの商品の場合、それで自身の課題を解決できると気づいていない見込み客も多いでしょう。その場合、ニーズの掘り起こしから着手しなければならないわけです。課題やお悩みが解決できるなら高額でも構わない、という切実なニーズに結びつくことも多いので、とくに新商品の導入期には効果を発揮します。

●電動自転車のバッテリーがすぐ切れる？ そのバッテリー、再生できます

以前、私自身も病院で逆流性食道炎と診断されたことがあって驚きましたが、ただの胸ヤケ、二日酔いと思っているところへ病名をつけられると、「あれ、薬が必要かな」と考えるようになったりします。

●その胸ヤケ、逆流性食道炎ではありませんか（第一三共）

かつて、「くしゃみ3回、ルル3錠」というヒットコピーがありました。これを一般化しますと、「～と感じたら、○○○（が必要）」となるわけです。

リフォームや改築などのサービスは、困って発注するケースと、不満はないけれど快適になるので依頼するケースとがあります。不満がない場合は、「リフォーム（改築）したらこんなに変わる」とニーズに気づかせてあげなければなりません。

●外壁の塗装が粉っぽくなったら、リフォーム適齢期。

16 意外な事実を言う

そのカテゴリーの商品を開発、生産している専門家だからこそ知っている、意外な事実があるものです。そうした情報を提供することで驚かせ、商品への関心を高める切り口です。

- **住まいの88％は空気です。**（日本ホームズ）
- **南にゆくほど、断熱材は厚くなる。**（硝子繊維協会）
- **第一印象の7割はヘアスタイルで決まる**

よく考えれば納得なのですが、言われるまで気がつかない。（あっ、たしかに！）と、つぶやかせることができれば、お客様の心にインパクトを与えることができます。

実は、プロの若手コピーライターが目指しているのがこのパターンのキャッチコピーです。「よいキャッチコピーには発見があるものだ」などと言われ、商品にまつわる意外な事実を探そうとします。

そこから生まれる共感のパワーは大きいのですが、意識が自社商品の購入へ向かわなければ感心してもらって終わりになってしまいます。

皆さんも、目についたキャッチコピーをそんな視点で評価、採点してみて、自分がつくるときの参考にしてください。

- **英語が話せると、10億人と話せる。**（ジオス）
- **住まいは、揺れる大地の上に建つ**（へーベルハウス）
- **家は路上に放置されている**（セコム）
- **駅もない、バス停もない。地図上のほとんどは、中途半端なとこ。**（フジタクシー）
- **新発見。実は無着色、午後の紅茶**（キリンビバレッジ）

17 時流に乗る

季節感、イベントに便乗してキャッチコピーを書くパターンであり、店頭ＰＯＰや飲食店などに最適です。

近年、ハロウィンの市場規模がバレンタインを超えたと話題になりました。本命チョコと、義理チョコのまとめ買いでもそれほど高額にはならないバレンタインより、仮装して街に繰り出すハロウィンのほうが消費額も大きくなりそうです。

販促キャンペーンなどで便乗する上でも、「ハロウィンの仮装で来店するとディスカウント！」のように応用しやすいかもしれません。

- **母の日キャンペーン実施中！**
- **土用の丑の日は鰻重を**
- **敬老の日があるのは、世界に日本だけ**（老人ホーム）

毎年、受験シーズンになるとスナック菓子メーカーは、ネーミングとパッケージを変更してキャンペーンをはじめます。

「合格祈願！【キット勝つ！】」、**「うカール」**、**「受かルック」**、**「勝ちグミ」**など。

もちろん、一般の商品でも「進入学の記念にぴったりです」と、需要を掘り起こしていく戦略は使えます。

年中行事などではなく、そのときどきの人気者、話題のイベントに便乗して注目してもらうのも一つのテクニックです。

- **うらやましいぞ!! Jリーグ**（豊島園）
- **エンデバー無事帰還、おめでとう。地球を考える8日間をありがとう。**（キヤノン）

また、ニュース報道風の表現により、最新情報として伝えるキャッチコピーのスタイルもあります。

速報！　　　最新技術です　　　新開発！
新発見です！　臨時ニュースです！　史上初！

また、オリンピック、パラリンピックやワールドカップのようなイベントはパワーがありますので、便乗したいと考える方も多いと思います。

●バイト日本代表（タウンワーク）

ただし、オリンピック開催期間前後は「オリンピック」、「五輪」、「メダル」などオリンピックを想起させるキーワードを、自由に使用できないことがあります。正式スポンサーにのみ使用が許されるものですから注意が必要です。

18 リズム感を出す

テレビCMで流れるリズム感のよいフレーズは、小学生などがよくマネをしていますね。テレビでなくても、店内放送やラジオCMなど耳から入るメディアや、ユーチューブなどの動画でも人の心に残ります。

もっと言えば、文字で読んでもらう場合でも、リズム感のよいフレーズは心にすっと入ってきます。心の中で黙読してくれて、語感や響きを心地よいと感じてくれればキャッチコピーとしての効果が高まります。

リズム感を出す手法の一つは、韻を踏むこと。西洋の詩歌に見られる文化です。ラップのように、文節の語尾に同じ音を重ねていきます。

●**インテル、入ってる**（インテル）
●**セブンイレブン、いい気分**（セブン・イレブン）
●**あしたのもと、味の素**（味の素）

日本の古典でありながら韻を踏んでいる名作が、次の短歌。

「あかねさす　紫野行き　標野行き　野守は見ずや　君が袖振る」（額田王）

「紫野行き（むらさきのゆき）標野行き（しめのゆき）」と韻を踏んでいく疾走感がたまりません。これが、万葉の昔にはどれほどのスピード感であったかと想像すると鳥肌が立ちます。

ここで、私の作品を2つ。

●**秋たけなわ、味たわわ**（すかいらーく）＊弓削：作
●**細さが、記録差。**（BMZ）＊弓削：作

基本的に、短文や単語を重ねることでキャッチコピーは快活なリズムを生みます。

● NO MUSIC, NO LIFE.（タワーレコード）
● 一瞬も一生も美しく（資生堂）
● はやい、やすい、うまい（吉野家）

そして、やはり日本語では七五調で書くことがリズムを生みます。心地よい1行となり、記憶してもらえる効果も高まります。

● 絵にもかけない面白さ（角川書店）
● オールドで、ちゃんと父の日してあげる。（サントリー）＊弓削：作
● 注意一秒、ケガ一生（交通標語）

19 対比させる

過去の名言には、対比を用いたものが多くあります。定義することや、納得させることに向いている文章スタイルだからだと思います。その形式を、キャッチコピーにも利用しようというのがこのテクニックです。

まずは、定番とも言える名作キャッチコピーの例から。

- **キンチョーの夏、日本の夏。**（キンチョー）
- **少し愛して、長〜く愛して。**（サントリー）
- **『金持ち父さん 貧乏父さん』**（書籍 筑摩書房）

対比したり比較して見せることで考え方の枠組みをつくることができ、その世界にお客様を引きこむ効果があります。フレーズとしても、対句にすることで引き締まり、納得感を演出できるのです。

●うすいのに、あたたかい。高機能ダウンコート（ヤマト運輸）

●場所に届けるんじゃない。人に届けるんだ。（セイコーマート）＊弓削：作

●街にあたらしく、人にあたたかく。（ブラウン）

●あなたの朝の3分のために ブラウンは30年の歳月をかけました

お買い得であることを説明するために、何かの価格と比較して見せることもあります。

●この安心、1日あたりコーヒー1杯分（損害保険）

コーヒー1杯が300円として、365日を掛けると相当な金額になりますが、そこはあまり考えさせないようにするわけです。

同じ重さであっても、体積が大きいもののほうが重いと感じてしまうことを「シャルパ

ンティエ効果」と呼びます。それが「鉄1キロと綿1キロではどちらが重い？」というクイズの成立する理由。この効果を利用したのが、次の健康飲料のキャッチコピーです。

●食物センイ6g（レタス1・8個分）（ファイブミニ）

また、こうした比較では、同カテゴリーのものではなく、あえてズラしたものと比較するほうが有利になります。そして、対比はギャップ度が大きいほど、インパクトを持ちます。

●参加費5000円のセミナーがDVDなら繰り返し見られて1万2000円。

ライバルを特定して優位さを主張する比較広告は、日本の風土に合わないとされてきました。近年では、米国映画の『アベンジャーズ』が、**「日本よ、これが映画だ」**と広告したところ、不快になる人が続出。これに『桐島、部活やめるってよ』が**「ハリウッドよ、これが日本映画だ」**と返礼して話題になりました。

20 ソンしたくないと思わせる

一般的に、人は「おトクな話がありますよ」と言われるより、「あなたは、今ソンをしていますよ」と囁かれるほうが強く反応してしまう。このような状態を生み出す効果を心理学的に「プロスペクト理論」と呼びます。

例えば、「A：100万円もらう」と「B：コインを投げてオモテなら200万円もらい、ウラなら0円」のどちらかを選べと言われると、多くの人は「A」を選びます。

一方、200万円の借金がある状態で「A：借金を100万円減額」と「B：コインを投げて全額免除か、変わらず」を選ばせると、今度は多くの人が「B」のギャンブルに走ってしまうのです。

つまり、利益は確実に選ぶくせに、損失（借金）はなんとしてでも消したいために不確実な道を選んでしまうのです。このように、人は無意識のうちに「ソンしないこと」がいちばん大事だと思ってしまう性質があります。

そこで、損失を目の前において見せ、損失回避の心理を刺激するのです。

- **あなた、高い買いものをしていませんか？**
- **せっかくの栄養素、捨てていませんか？**
- **失敗しないマンション購入法**
- **まだ、きついトレーニングをしているのですか？**
- **不眠の原因は、枕でした。**

いずれも、心当たりのある人はドキッとしますよね。

私が通販を利用するきっかけの一つに**「ポイントの期限が切れます」**というお知らせメールがあります。数百円分のポイントが失効してしまうのが惜しいばかりに、2000円くらいの買いものをしてしまう。販売側なら、活用しない手はないやり方だと思います。

21 オファーを提示する

この項目は、特典やオファーがある場合の手法です。

買い手のリスクを売り手側が負うことを「リスクリバーサル」と言いますが、購入に際してお客様にリスクがないことを保証するオファーなどがあります。これにより、商品に自信があるのだなと受け止めてもらえるのです。

- **気に入らなければ使用後でも全額返金保証**
- **電気代が安くならなければ料金はいただきません**

安売り・値引きという条件を出す方法もあります。

- **生活応援価格！ 全品8％OFF！**
- **5日15日は納得プライス！**
- **創業祭（感謝祭）10年記念大特価！**

また、無料というのは何より魅力的な言葉です。
ただし、タダより高いものはないと考えている人もいますので万能ではありません。
「スーツ2着目は1000円」と言われると1着あたりの原価が心配になりませんか？

- **無料でダウンロード**
- **スマホ・パソコンの充電無料**（カフェなど）
- **DVDを2枚買ったら1枚おまけ**

このように利益を削って買ってもらうのはいつでもできることです。しかし、ウリをきちんと伝えて、高くても買ってもらえるようにすることが、キャッチコピーの役割であるとも言えます。

セット販売の提案をするのも一つの方法です。

マクドナルドのセット販売は、それぞれのメニューを合計したときよりお得な価格となっています。しかし、原価率の低いポテトやドリンクを組み合わせているので、実は客単価も上がり利益もしっかりとれる、店舗側にとって有利な販売形態なのです。

- **就活リクルートスーツ5点セット**
- **ワンコイン朝食セット、はじめました**
- **wi-fiに同時加入でパソコン1000円**

もともと日本人は定食が好きで、自分であれこれ考えて組み合わせるよりはお仕着せを好みます。

例えば**「単身者の家電5点セット」**、**「就活スーツ5点セット」**、**「マーケティングを学びたい人にこの3冊」**のように決めつけてあげると選ぶ手間がなく、「たぶん別々に買うよりお得なはず」との連想も働いて、買ってもらいやすくなります。

客単価が上がり、買いものの時間も短縮されますので、ぜひ検討してみてください。

22 お墨付きをもらう

専門家や著名人が認めた、となると「それなら買っても安心だ」となりやすい心理的な働きを「ミルグラム効果」と呼びます。とくに日本人は権威に弱い国民性ゆえ、外国で評価されている事実や、白衣を着た人の推薦があると聞くと、いっきに購買意向が高まる傾向があります。

- **シェフが選ぶシステムキッチン**
- **歯科医が勧める歯ブラシです**

宮内庁御用達もそうですが、こうしたご威光に触れると、品質がよいのではないか、効果的な商品なのでは、と考えてくれる人がいるのですね。かつては、**「小泉今日子さん推薦！」**ということで売れた絵本、童話がずいぶんありました。

ただ、大学教授や医師、タレントさんの推薦をとりつけるのは容易なことではありません。中小ビジネスでは、店長やバイトリーダーのオススメでも充分です。

ジャパネットたかたの髙田元社長は、**「ぜんぶ自分で使っています。自分でいいと思わなきゃ売りません」**と語っており、同社が扱う商品全体への信頼感を醸成していますね。

- **バイトの真紀ちゃん、イチオシです**
- **バイトリーダー、アキラのオススメ！**
- **店長の吉田です。いろいろ試してこれにたどり着きました**

また、海外で支持されているという逆輸入の評価に弱いのも日本人の特性です。

- **NASAで使用されています**
- **モンドセレクション金賞受賞**

江戸切子の値段を聞いて驚いても、お店の人に「フランスの方がまとめて買っていかれました」なんて言われると、それだけの価値があるのだなと信じざるをえません。

その他にも、マスコミ取材歴はキャッチコピーになります。メディアで紹介されたという第三者のオススメは特に効果があります。今は「『ZIP!』で紹介されました！」や、「雑誌に掲載されました」、食べログでの★評価などを伝えると効果があるようです。

私は支援先企業でよい工業デザインの製品ができあがったときはグッドデザイン賞への応募を勧めており、「受賞しました」の一文とマークをカタログやウェブに掲載しています。

あるいは、行政が発表している統計データにのっとった主張をするのも一つの方法です。栄養摂取や睡眠時間、就業時間の問題点を足がかりにしたキャッチコピーで、商品購入を促すのです。

- **日本人に最も足りない栄養素はカルシウムでした。**
- **世界でいちばん睡眠時間が短い日本人。**

23 ズバリ断定する

「文章は形容詞から腐る」と言います。ようするに形容詞で飾りたてた文章はわかりづらく、逃げ口上になるということです。短くズバッと言い切ったキャッチコピーは、やはり強い。身もフタもなく、機能やメリット、言いたいことをズバリと書いてみましょう。

「××を○○にします」と自信を持って言い切ることで、そこはかとなく信頼感も生まれ、結果的にお客様の背中を押すことにもつながります。

- **ビジネスは、スポーツだ**
- **ゴルフは、人生だ**

納得の断定であれば心に残ります。そして、共感を呼ばない断定であれば軽く反感をかったり、炎上します。そこは真剣勝負です。

● **ソーラーは、シャープをお選びください。**（シャープ）
● **最後まで席を立つな。この映画は二度はじまる。**（映画『カメラを止めるな！』）

最後の例は、普通に書くと「この映画は、最後にどんでん返しがあります」となるところでしょう。これを、歯切れのよい言い切りの二文でたたみかけています。

街では**「冷やし中華はじめました」**というビラもよく目にします。簡潔かつダイレクトな表現を心がけることは、聞き手にとっても時短になる効用があります。今すぐ客にこそ、うってつけと言えるでしょう。

● **WOWOWに入りましょう**（WOWOW）
● **吸引力が変わらないただ一つの掃除機。**（ダイソン）

断定するキャッチコピーに限りませんが、書き終えたあとに文末から「です」、「ます」をとってみてください。それでも意味が伝わり、日本語としておかしくならなければ、そのほうがいいのです。言い切り、体言止めにすると強いキャッチコピーになります。

24 小出しにする

新商品の内容を段階的に小出しにすることによって興味を引き、興味を高めていくパターンです。結末を知らせてもらえないことで、逆に強く印象に残ってしまう心理的な働きを「ザイガニック効果」と言います。

以前は、予算のとれる大手企業が採用していたティーザー広告と呼ばれる戦略でした（ティーザーはじらすこと）。今はウェブなどを使って手軽に活用できるので、検討してみる価値があると思います。

- **冒険のはじまり。01・13**（ドラゴンクエスト　スクエアエニックス）
- **メルセデスの本気。7・11 FRI**（メルセデス）

より詳しい情報を届けるために、**「続きはネットで！」**、**「〇〇で検索してね！」**というメッセージもよく見かけます。

- **意外な方法で肩こりを治したヤマダさん。その方法とは……続きはネットで**

商品情報を断片的に伝えることで関心を持ってもらい、期待を盛り上げ、注目度を高めていきます。「どういうこと?」と、先を読みたくさせる、または答えを知りたくさせることができれば成功です。

文字通りクイズにする方法もあります。

- **英語が話せるようになった理由の一つは映画。もう一つは……?**
- **展示ブースは何を読みとってレイアウトする? 答えはセミナーで。**
- **高血圧を抑えるとされる商品はどれ? 1、ゴマ　2、ざくろ　3、にんにく**

ただし、小出しをしたあとに、見込み客が納得してくれる品質がなければ逆効果になってしまいます。この点には注意してください。

25 弱点を明かす

あえて弱点や手の内を明かすことで理解、信頼してもらうやり方です。判官びいきの日本でなら、むしろ味方をつくることにもつながります。

価格が安いのは有利と思われがちですが、実は信頼されない理由となることがあります。あまりに安すぎると、粗悪品やコピー商品なのではと敬遠されてしまうのです。とくに慎重な人や高学歴の人には、安さの理由をきちんと明かすほうが納得して買ってもらえることにもつながります。

- **生産終了品なので激安です。**
- **最新型ではありませんが格安です。**
- **ワケあり商品を大処分！**

もったいない話ですが、サイズなどが規格外のために流通に乗らない野菜やフルーツがあります。また、カステラやロールケーキ、牛肉や魚の粕漬けの端っこが安く販売される「切り落とし」という商品もあります。

おいしさに変わりはないのですから、売るほうにも買うほうにもメリットがある。こうした商品に、ひっそりと掲示されるＰＯＰのキャッチコピーがこちらです。

● お買い得。工場ダイレクトの半端品
● カタチはヘンですが、味は一級品です

割れたおせんべいもよく見かけますが、中には工場の最終工程でわざと割る係りの人がいたりするので注意しないといけません。このようなやり方は、値崩れさせずに試し買いを促進させるための、一種のサンプリング戦略です。

以前、プリンが山積みされた写真などがＳＮＳに投稿され、それを見た人が拡散したことで無事に完売した、という話がありました。

- 発注数を間違えてしまいました、助けて
- 仕入れすぎてしまいました！

同じ手は使えないでしょうが、店頭POPでお客様とのコミュニケーションを成立させるようなメッセージとしてはありかもしれません。弱点やネガティブを素直に伝えてしまうことで、共感を増す作戦です。

関東圏で展開するスーパーチェーンのオーケーでは、次のように自店に都合の悪いことも正直にPOPに書くことで、顧客の信頼を得ることに成功しました。

- 旬のおいしさを100とすると、今は70です（グレープフルーツ）
- 来月には甘みの強い品種が出回ります
- 近日、値下げの予定なのでお待ちになることをおすすめします

26 天国か地獄を見せる

広告表現を考えるときの、一つのアプローチ方法です。あなたがテレビCMを観ていても「これは極端だな」と感じることがあると思います。極端なシーンを見せてインパクトを与え、メリットを意識に焼きつけるというのは広告の基本なのです。

例えば、パソコンのCMをつくるとしたら、当社のパソコンを選べば役員に出世、他社製ならリストラ、のように考えてみるのです。

- ○○を使って上へ行くか。使わずにリストラされるか。
- ○○を知らないために、部下が上司になってしまう人、続出！

『リーダーの一流、二流、三流』（明日香出版社）というベストセラーもありましたが、こちらもプラスとマイナスの高低差、ギャップを大げさに表現しています。

高級シャンプーのキャッチコピーを書くとします。うちのシャンプーを選ばないと地獄ですよ、という立場から書くと次のようになります。

●ドラッグストア品質のシャンプーで、髪が泣いている。

逆に、使えばいいことがあります、という天国の方面から書くと次のようになります。

●使いはじめて3ヵ月。憧れの人が髪を褒めてくれた。

明るい未来と、みじめな未来。商品を通して、どれほど極端な提案、イメージを見せることができるか考えてみましょう。

乗ってもらう列車は、天国行きか、地獄行きかの両極端であってはじめてインパクトを与えられます。ただし、「危機感をあおる」のキャッチコピーと同様、あまりにもネガティブになってしまうと逆効果になりますのでご注意ください。

27 役立つ情報を言う

役立つ情報をキャッチコピーで伝えることにより、商品周りをマジメに研究している会社であるとわかってもらうテクニックです。

広告とは生活者にとって一つの情報源でもあります。アップルの iPhone の新機種が出るとわかったら、広告はもちろん、おカネを出して雑誌を買ってさえ情報を知りたいというユーザーもいます。

- やせにくくなった原因は、基礎代謝にありました。（ダイエット食品）
- 右利きの人は右のウラが汚れている。（歯ブラシ　ライオン）
- カーテンを引くだけで、2℃得しますよ。（三菱電機）

新しい治療薬が発売される、新しい自動運転カーが誕生したなど、ニュースレターやメルマガを発行するときも、売り込みだけでなくお客様の役に立つ情報を掲載することで開封率が高まるのも事実です。

これまではあまり知られていないような新情報の内容、知識だと、よりインパクトがあります。なるほど！と驚いてもらい、購買意向を高めるというわけです。

● 少量のおコメを炊くなら、2合炊きが美味しくなる。
● リスクについて考えないのが、いちばんのリスクだと思う。（住友生命）
● ワインを飲むと長生きする。

女性の心の声をキャッチコピーにした例を見ますが、それは若い男子にとってはテキストなのかもしれません。

● 花火大会に誘われたら、浴衣姿が見たいというメッセージだと思え。（西武百貨店）
● 恋には大事なことが三つある。出会い方、別れ方、そして忘れ方。

28 選び方を提示する

一生のうちに何度も買うような商品ではない場合、あるいは進化のスピードが速い商品などは、お客様は選び方がわかりません。

例えば、家を建てる機会は人生に一度あるかどうか。大画面テレビ、パソコンなども、買い替える頃にはスペックが一変していて浦島太郎になっていたりします。そこへ、選択の仕方や基準を教え、その条件を満たしているのはウチの商品ですよ、と誘導するのです。

- 納得できる家づくりの10か条、教えます
- そのフルハイビジョンは動きに強いか
- ノートパソコンは、軽さとバッテリーの持ちで選ぶ
- 幹事さん、宴会場選びのコツはコレ！（居酒屋）

その他、コーヒー豆や日本酒などの嗜好品、熱帯魚や盆栽のように趣味性の高い商品も、最初は選び方がわかりません。

もっと言えば、どんな商品でも毎年のように生まれる一定数の新たな買い手（エントリーユーザー）にとっては選び方がわからないのです。専門家であるあなたは「選び方はカンタン」と思っていても、初心者にとってはそうではありません。

リアル店舗なら、選び方をわかりやすく書いたPOPをつける。店員さんが相談に乗るように心がける。コーヒー豆なら、**「酸味が強い」**、**「苦味が強い」**、**「軽い」**……など、産地ごとの特徴や、最適な焙煎法をオススメする説明POPがあれば親切です。

ここまで必要？　というくらいまで書いてあげれば、選び方に困っているお客様たちを取り込むことができます。「あのお店は親切」、「あの人から買えば安心」と思ってもらえれば、長いおつき合いが続くのではないでしょうか。

誰かへのプレゼント選びに困るお客様へのアドバイスも有効です。自分では買わないけれど、「人にもらったらうれしい」という商品はあるもの。

孫のためには出費をいとわない祖父母もいます。「ウチの商品はどんなギフトに向くか？」をぜひ考えてみてください。

- **スウィート10ダイヤモンド**
- **受験合格のお守り・合格鉛筆**
- **がんばった自分へのご褒美に**
- **サンジョルディは、本を贈る日**
- **「プレゼントなんかいいの」と言われたときには、花を贈るものだそうだ。**

また、企業のウェブサイトをつくるときによく掲載されるのが**「ウチの会社が選ばれる理由」**。あつかましいけれど、お客様も選択の目安になるはず。

- **見積りだけのお客様も歓迎です**
- **当社は、「売りっぱなし」にしません**

29 記号を使う

記号が使われているキャッチコピーはあまり見かけません。それだけに、記号を使うと「なんだろう？」という違和感をつくり出すことができ、目立ちます。

商品によっては、音楽記号や化学記号などを使うとターゲットにニヤリと反応してもらえるかもしれません。ただし、音声だけの媒体には使いづらく、カタログやウェブなどの静的なツールでの活用がメインとなります。

● **○印をつけて伊勢丹へ**（伊勢丹）
● **♡（こころ）を○（まある）く**（ミスタードーナッツ）
● **凹な♡が凸になる**（日本電気）
● **々**（富士ゼロックス）
● **(^o^)**（大林組）

30 提案する

商品やサービスを利用することで〝こんなこと〟が可能になりますよ、やってみませんか？ と誘う目標を掲げる手法です。

実現できたらいいだろうな、と思わせるゴールを提示し、それをクリアすることを呼びかけるのです。それによって新たなニーズを掘り起こすとともに、商品のパフォーマンスを評価してもらえることにもつながります。

● ECCなら到達できる。TOEIC 700点（ECC）
● 14日間お試しください（ヨーグルト ダノン）

そして次の例は、それぞれ商品の活用法を具体的に提案しています。

- 焼きなすにもポン酢を
- おせちもいいけど、カレーもね！（ハウス食品）
- 『お湯だけ洗いであなたの肌がよみがえる！』（書籍　サンマーク出版）

あるいは、ユーザーにチャレンジを促す提案もありますね。

- 一生に一度は、伊勢神宮へ
- 大人買いしよう！
- 違いを愛そう。（資生堂）
- 1日1食をコレに変えるだけでOK！
- ドモホルンリンクルを厳しくテストしてください（再春館製薬所）
- 『社員ゼロ！ 会社は「1人」で経営しなさい』（書籍　明日香出版社）

いずれの例も、ウチの商品はよい結果を出す自信がありますよ、という主張が込められているのです。

31 最も役立つシーンを言う

日頃、ありがたみを忘れがちな商品について、いちばん必要となるときや、最も価値を発揮するタイミングを表現し、再考してもらう切り口です。

例えば、ふだん自動車保険は忘れられています。更新の時期が近づいたとしても、「今回は会社を変えてみよう」とはなりません。それでは保険商品の乗り換えが起きない。そこで、損保各社は「もし事故が起きたら……？」とリアルなシーンをイメージさせ、真剣な条件の検討を促すわけです。

- **交通事故が起きたとき、どこへ連絡すればいい？**（損害保険）
- **突然の米国赴任、英語は大丈夫!?**（英会話学校）
- **防火袋に予備のメガネは入ってますか？**

あるいは、その商品を買ったあとに、どんな快適な生活が実現するかを伝えることも有効です。まだ使用していないお客様は、〝使用後〟の快適さ、便利さを想像できていないのですから。

- 夕食後、家族そろって団らんの時間がもてます。（食洗機）
- ウチに早く帰りたくなるリフォーム
- 中2の息子が勉強するようになった。
- つい遠出したくなる加速性能。
- 友人を呼んで自慢したくなる大画面。
- 最近、女房の機嫌がいい。（住宅）

悩んだらここからはじめましょう

ふだんキャッチコピーを書いていない方が、いざ商品を前にしたとします。どこから手をつけていったらよいか困ったら、最初は「**お客様**」「**課題**」「**メリット**」の３点を入れ込んだ文を書くことをオススメします。この切り口は、キャッチコピーの手がかり、足がかりになるような第一歩だと言えます。

「**お客様**」は、「〜でお困りの人向け」「〇〇業専門」「夏までに痩せたい方に」のように書きます。これまでに述べてきたように、対象は絞られているほど反応率が高くなります。あなたの商品をいちばん切実に求めてくれるのは誰なのか、を考えてください。

「**課題**」は、お客様が抱えているお悩み、あなたの商品によって解決できる問題です。「腰痛がひどい」「不眠で困っている」「電気代が高すぎる」などと表現することができます。

「**メリット**」は文字通り、実現できる解決策や効果、ソリューションのことです。「痛みから解放される」「大幅コストダウンが可能」「真っ白な洗い上がり」、食品なら「脂の乗った濃厚な味」「爽快なのどごし」などとなります。

これらの要素を書き出し、１つ〜３つを入れ込んだ文章を書くのです。「こういう人の、こんな課題を、こう解決します」のように。まずは、ここからはじめてみましょう。

第5章

やってはいけない NGコピー

1 強い言葉不在型

私は仕事柄、いろいろな展示会に出かけますが、いつも感じるのは、〝ダメなキャッチコピーの展示会〟でもあるということ。会場のブースを眺めながら歩くと、各社が「これがウチのウリ」と信じるポイントが、パネルやのぼりにキャッチコピーとして掲げられています。でも、それをどう読んでも、何度考えても、何がすごいのか、どこが他社と違うのかが、一切わからない。ほとんどが、そういうキャッチコピーなのです。

では、多くの会社がおちいりがちなダメなキャッチコピーには、どんなパターンがあるのか。それを見ていきましょう。

キャッチコピーには強い言葉がなければ、印象にも記憶にも残りません。残らないキャッチコピーは、なかったのと同じことです。

例えば、話し言葉のようなキャッチコピー。

✕ 多くの人がまた買いたいと言ってくれます。

こうした一文を、強い言葉に置き換えていくとどうなるでしょうか。

まず、多くの人とはどれくらいの人なのかを、きちんと数値化してみましょう。計算をしたら82％だったのなら、その数字を入れます。

そして、また買いたいという人、また買ってくれる人を、キーワードに置き換えればリピーターです。

さらに、目を引く画数の多い熟語を入れ、最後は「？」で締める。そうすると、改善例は次のようになります。

○ 82％がリピーターになってしまう秘密とは？

やや、キャッチコピーらしくなりましたね。本来は、これにもっと具体的なキーワードを入れ込みたいところです。

2 抽象型

キャッチコピーは、とにかく具体的であることが大切です。抽象的な表現も、最初からイメージ発信が狙いなら結構ですが、中小企業にそんな余裕はありません。

ただし、書いている人は抽象的であると自覚していないケースがほとんどです。

例えば、次のようなキャッチコピー。

× 新開発の独自技術で実現した自信作です。
× 最先端の加工法で理想的な機能を搭載。

いずれもはっきりした単語を使い、明快に言い切っている感があり、書き手の人は具体的に書いているつもりだと思います。

ところが、読むほうには具体的な情報がさっぱり伝わりません。こうした〝抽象〟

キャッチコピーが問題なのです。

キャッチコピーは、具体的であれ！　お客様の課題解決についてリアルに書くからこそ、反応してくれるのです。

○特許の接着剤が、アルミとゴムを安定接合

○最新の曲げ工法により、丸材をラクラク３Ｄ加工

抽象的なキャッチコピーは、文学的でカッコよくなる場合もありますが、それだけのこと。お客様を動かすチカラにはならないのです。

3 大企業病型

風通しの悪くなってしまった大企業を病気にたとえることがあります。

大企業病は問題ですが、中小企業なのに夢や地球環境などに思いをはせるカン違いキャッチコピーではもっと深刻です。

よく見かけるのが、次のような壮大なキャッチコピー。


×地球環境の未来を考えています。

×日本の明日をもっと輝かせたい。


ブランディングや企業スローガンとして使う例が多いようですが、あまりにも身の丈に合わないため、まったく心に響かないメッセージとなっています。

けれども、事情がわからないでもありません。今は企業イメージをよくするために、夢のあるメッセージづくりが求められているからです。
そのためか、小さな工務店なのに次のようなキャッチコピー。

× **街にやさしい住まいをつくりたい。**

夢や未来を語る前に、目の前のお客様の満足度を高める提案をしたいところです。

○ **使い勝手のよいキッチンなら、おまかせください！**
○ **書斎のある家、つくりませんか。**

中小企業がつくるべき企業スローガンについては、第6章で紹介していますので、ぜひご参照ください。

4 評論型

「評論」というのは、テレビのワイドショーに出てくる評論家の下手なコメントのことだと考えてください。間違ってはいないけれど、あまりにも一面的な評論、という意味です。

さまざまな側面を持つ事象（＝商品）を、その一部だけを評論して語るようなキャッチコピーでは話が前に進みません。キャッチコピーとは、評論ではなく「定義」でなければならないのです。

例えば、次のようなキャッチコピーがあったとします。

×どんな場所にも使えるフィルター。

これでは「誰が、いつ、どう使って便利なのか」がまったくわかりません。これが、次のように書かれていれば、一瞬で伝わります。農家の方も、自分ごととして検討してくれるかもしれません。

○ 畑に敷いて肥料が飛び散るのを防ぐフィルター。

思い出すのは「群盲象を評す（撫でる）」というコトワザです。目の見えない人々が象を触り、口々に報告します。ある人は尻尾を触って「杖のような生き物です」と言い、ある人は足を触って「柱のような」、また腹を触ったある人は「太鼓です」、牙を触った者は……。

そのような描写は役に立たず、最低でも定義をしなければならないのです。

とくに新規性の高い商品や、ネーミングだけでは何なのかがわからない商品にとって、商品価値を定義する1行はとても大切です。

5 横並び型

横並びとは、その他大勢と同じということ。ライバル会社の商品に同じキャッチコピーをつけても成立してしまうような、差別化のできていない表現です。

例えば、温泉旅館のパンフレットやポスターにありそうな次の1行。

× たまには温泉で自分にご褒美。

これを言える温泉旅館・施設は、日本全国に何万軒あるでしょうか。キャッチコピーには、ウチだけの独自なメリットを書かなければなりません。ウチに来なければ体験できない何か。ウチに来なければ食べられない何か。それを訴求することが必要です。

自社だけのソリューションを提案してこそ、キャッチコピーとして価値を持つのです。

例えば、英会話スクールが生徒を募集するとき、「字幕なしで映画が楽しめる」とか、「外資系企業への道が開かれます」、「語学力アップで昇給を」をウリとする。それでは、まさに横並びになります。

キャッチコピーで訴求するなら、次のようなユニークなポイントにするべきなのです。

○カフェスタイルで気軽に学べる
○講師は全員ネイティブ
○回数券制なので少額からはじめられます

次のような、一つの商品カテゴリー全体にかかるキャッチコピーは、シェアトップの企業なら結構でしょう。市場のパイが拡大するメリットを、どこよりも享受できますから。

また、自社商品しか並んでいない店頭のPOPなら構いません。

●デジタル補聴器、はじめませんか？
●上質なコーヒーが日常を変える。

6 専門型

専門用語、業界用語を使った、難しいキャッチコピーもいけません。

「お客になる人は、これでわかるんです」という言い訳をよく聞きます。しかし、それは買いかぶりです。専門の担当者には理解できたとしても、上司でさえ分野が違うのでピンとこないかもしれません。

決裁者まで行ったら、「結局、何なんだ?」とひっくり返されることもありえます。

- **× 0・5μmでレベル出しをローコスト化。**
- **× 原着成型加工の加飾技術を開発。**
- **× 登記面積50㎡以上だからこその優遇制度。**

同じ商品分野に長く携わっていると、当然のことながら専門家になっていきます。周囲の人も、同じ情報や専門用語を共有する人ばかり。だから、つい「これくらいは知っていて当たり前」と思い込んでしまうのもムリはありません。

たしかにＢｔｏＢ商材などでお客様も専門家であり、専門用語を使って検索するのなら、ウェブサイトの文章には専門用語を散りばめたほうがいいでしょう。

けれども、一般的にキャッチコピーを書くときには、お客様がふだん使っている言葉を選んでください。

支援先であるベルトコンベアメーカーのウェブサイトを調べていたときのことです。メーカー側の人間は使わない「バタつき」というキーワードで検索しているユーザーが多いと気がつきました。

コンベアのゴムベルトがバタバタと波を打ってしまう不具合を解決したくて検索しているのでしょう。これなどは現場のユーザーが直感的に思いつく表現であり、キャッチコピーに使うと一瞬で伝わるキーワードになるのです。

●ベルトコンベアの「バタつき」を防止する対策、あります。

7 遠い親戚型

あれも言いたい、これも言いたい。いや、これも重要！と書いていくと、キャッチコピーは長くなりがちです。

けれども食品スーパーのチラシのようにあらゆる要素を詰め込むのは、一種の手抜き。強力なウリはないです、と自信のなさを告白しているように感じてしまいます。

結果として読んでもらえず、ただ一つのポイントも見出されずに終わる、ということになりかねません。

短く絞り込んで勝負をする覚悟が必要なのです。それをしなければ、結局どのポイントが魅力となって商品が売れたのかもわかりません。

× 冬の雪道を万全に走りたいドライバーのクルマのフロントガラスの性能を変えます。

ここまでひどくはなくても、「正しいけれど長い」キャッチコピーは読まれません。

人がひと目で理解できる文章は13字前後だという研究があるそうです。「Yahoo!ニュース」も、13字で表示されています。同じことを伝えるなら、だらだらと語るよりも、端的なキーワードでズバリと書くほうが届くはずです。

あえて長い文章にして目立つという手法もあるのですが、時間はたっぷりあるという人が少ない今、有利なやり方とは言えません。

あまりにも長くなってしまう場合は、2文か3文に切り分けたほうが伝わりやすくなります。その上で、メインのキャッチコピーとサブのキャッチコピーやリード文など、役割分担するとよいでしょう。

次の二例は「〜ないは、〜ない」という二重否定になっています。小説なら味のある表現でよいのかもしれませんが、一読で理解できずに戸惑う人もいるでしょう。

× 2ヵ月以内に痩せたくない人は読まないでください。
× ハンカチがなくては観られない感動の映画です。

こうしたケースでは、否定をとりさったほうがすっきりします。

○ 2ヵ月で痩せたい人、必読！
○ ハンカチを持って、いますぐ劇場へ！

文章作法では、さけるべきと教えられるタブーに「入れ子構造」があります。複数の主語・述語のセットが入れ子（＝箱の中に箱）状態になっていて、読みづらい文章のことです。

× あなたは私が売上を拡大するアイデアが豊富にあることがわかって驚くに違いありません。
○ 私は、売上を拡大するアイデアをたくさんもっています。
それを知ったら、あなたは驚くはずです。

8 新しい習慣型

江戸時代にはじまったとされる「土用の丑の日にはうなぎを食しましょう」というキャンペーンは、現代にいたるまで見事に定着しています。しかし、新たな習慣を提案するのはなかなかハードルが高いことも事実です。

サントリーなどは新たな習慣を提案することが得意で、古くは和食にもウィスキーを、と提案。その後も、**「金曜日はワインを買う日」**、**「トゥワイライトキャンペーン」**を展開。最近では**「ハイカラ」**がありました。これはハイボールと唐揚げはよく合いますよ、ということなのですが、たしかに炭酸飲料と脂っこい料理の相性は抜群でしょう。

ＴＯＴＯの**「おしりだって洗って欲しい」**も、習慣をガラリと変える提案です。外国人をも魅了する一方、今でも苦手で使っていないという人もいます。

また、かつてNTTが定着させたのが、「カエルコール」。これが成功したのは、「今から帰る」と電話をかけると、周囲の人に（奥さんにコントロールされている）と思われてしまうところを、いい具合に言い訳ができるようにしたためでしょう。

こうした新たな習慣の提案は、予算が潤沢であり、なおかつシェアトップの企業ならよいのです。新習慣の定着によって、その商品の市場が拡大するとすれば、最もトクをするのはシェアトップの企業ですから。

しかし、予算も時間もかかり、それでいて間接的な方法ですから、中小企業にはなかなか難しいと言えるでしょう。

もちろん、まったく新機軸の商品を開発した場合は、当然新しい使用シーンを提案しなければはじまりませんので、この限りではありません。とはいえ、その提案先は限られたターゲットのみですので、事情は大きく異なります。

第6章

効くキャッチコピーの
選び方と使い方

1

お客様を動かすコピーを選ぶ7つの視点

キャッチコピーはなかなか読まれません。企業が言いたい放題に売り込むメッセージを、熱心に読んでくれる人はいないのです。

熱心に読まれる広告文があるとしたら、それはグーグルやアップルの求人広告でしょうか。ほとんどの広告文章は不要であり、いかがわしく、読むのがめんどうなのです。だからキャッチコピーには、短く書く、わかりやすく書くなどの要件があります。

そして、たくさん書いたキャッチコピー案の中から、それらの要件を満たすものを選ぶプロセスが大切なのです。

以下に、キャッチコピーの選び方を7つあげました。

しかし、実際のところ、①の「買う理由が生まれるか」につきます。そのキャッチコピーを読んだ、聞いた人が、「それなら欲しい」、「買いたい」と言ってくれるかどうか。それがすべてと言ってもよいのです。

①買う理由が生まれるか

「それなら欲しい！」と言ってもらえるか。これにつきる。

②主張が伝わるか

何も知らない知人に見せ、意味が伝わるかを確認する方法も。

③具体的か

なんとなくよいイメージはNG。具体的であってこそ、キャッチコピー。

④個性的で記憶に残るか

差別化できているか。インパクトはあるか。どこかのマネでははずかしい。

⑤短いか、読みやすいか

クチコミされるには短いキーワードが必須。難読漢字や英単語はNG。

⑥語感がよいか

文字媒体であっても心の中で読まれる。リズム感は常に大切。

⑦ 好感が持てるか

中身と異なる表現、ウソ、大げさはダメ！　好感を持たれてこそのビジネス。

加えて、キャッチコピーは、それを読んだらボディコピーが読みたくなるものでありたい。そして、ボディコピーの1行目を読んだら、2行目が読みたくなるように書かれていることが理想です。

キャッチコピーを選ぶにあたっては、書いたあとに少なくとも一晩は寝かせる必要があります。余裕があるなら2晩以上経ってからのほうが、より客観的に見ることができるでしょう。キャッチコピーに誤字がある例もよく見ます。校正も、きちんとしなければなりません。

ただ、この客観的に見る、ということがなかなか難しい。キャッチコピーはぜひあなたに書いてほしいのですが、仮に外注する場合は、第三者の客観的な視点が入るところが何よりのメリットとも言えます。

2 ササるボディコピーをサクッと書く方法

キャッチコピーは書けるけれども、ボディコピーは苦手という人がいます。

その原因は、長めの文章を書くときに必要な、構成や組み立てを考えずに書きはじめようとするからかもしれません。説得のための文章を、いきなり冒頭から書いていこうとするからペンが進まない（キーボードを叩けない）のです。

時間のないときに、私が実践している方法は次のようなものです。

■ボディコピーを書く手順

①伝えたい要素・内容をすべて書き出す

②伝わりやすい順番を考える（重要な順など）

③うまくつながるように接続詞や「て・に・を・は」を足して文章にする

まず、ボディコピーで伝えるべき内容を、箇条書きでも単語でもいいのですべて書き出します。メインのキャッチコピーを書こうとして、あれやこれや伝えるべき項目を洗い出したあとならカンタンに書き出すことができるはずです。**キャッチコピー案でボツになった文章を入れ込むと、ピリッと効いたボディコピーが書けます。**

もれなく書き出せたら、今度はどのような順番で書いていけば理解してもらいやすいか、インパクトを与えられるかを考えます。実際には、重要な項目や、絶対に読んでほしい要素を最初に持ってくるのがよいでしょう。

順番が決まったら、接続詞やつなぎの文、「てにをは」を補いながら、文章として読みやすくなるように修正していきます。

以上です。カンタンでしょう？ うまく書く必要はありません。わかりやすく書ければよいのです。

■文章を書くときの注意点

・一文を短くし、一文一意になるように書く
・修飾語は修飾される言葉のそばに置く
・形容詞はできるだけ少なくする
・「です・ます調」か「である調」かを決めて書く
・「これ」、「それ」、「あれ」は極力なくす
・敬語は正確に使う
・「驚異」と「脅威」など同音異義語に気をつける
・誤字脱字のないよう、しっかり校正する

■箇条書きのままでも拾い読みしやすい

文章の長さとしては、一気に読んでしまえる80文字から120文字程度が理想です。ただ、文章に仕立てることが目的ではなく、伝えたい項目を読んでもらうことが目的ですので、「文章」にしないという方法もあります。つまり、箇条書きのままにするのです。

文頭に●（黒ベタ丸）を打ち、1行。また●を打って、1行。こうすると、お客様も拾

い読みしやすく、理解しやすいので、ぜひ試してみてください。
実際の文字組みは、次のようになります。

- 結論から入る
- 「会話」からはじめる
- 疑問文から書き出す
- 呼びかけにしてみる
- 超短文からはじめる
- 驚きからスタートする

ちなみに、右の箇条書きは書き出しをどうするかに困ったときの1行目のアイデア例になっています。

■ボディコピーの順番と構成

ボディコピーをつくるときは、いわゆる起承転結などを意識する必要はありません。単純なものですと、次のようなパターンがあります。

①こんな便利さ・おいしさがある
②その根拠となる機能・材料
③ダメ押し（実績、推薦、キャンペーン中など……）

基本的には、大切なこと、相手が聞きたいことから書くことをオススメします。伝えなければならないことを最初に書いておかないと、読みとばされてしまいます。

また、お客様が疑問に思いそうな点は、先回りして答えを書いておくことが重要です。

以下にその他のボディコピーのひな型を書いておきますので、参考にしてください。

●メリット列挙型

〈便利1〉〇〇は～ができる〇〇〇。

〈便利2〉～なときにも～が可能。

〈便利3〉さらに、～にも対応しているので安心です。

●ダメ押し型

〈提示〉この〇〇には、~な機能があります。
〈解決〉その上、~や~にも対応。
〈ダメ押し〉~せずに~も可能です。

●問題提起型

〈提起〉~で困っていませんか？ それは~が問題です。
〈紹介〉〇〇はこんな機能を搭載。
〈解決〉~こうした問題を解決します。

●根拠型

〈解決〉新登場の〇〇は、~で困ったときに~できます。
〈根拠〉それは、~や~という機能を搭載しているから。
〈対象〉~した方や、~のような方にもぴったりです。

●差別化型

〈知識〉～というとき、×××では効果がありません。
〈前提〉実は、～がなければならないのです。
〈効果〉○○○は、～の働きがあります。
〈結論〉だから、～や～の効き目が違うのです。

●ニュース型

〈背景〉～で実績のある～は、～に着目。
〈ニュース〉その結果、○○○の開発に成功しました。
〈効果〉もちろん、～と～の効果はそのまま。
〈結語〉～が～できる効果を体感してください。

●実績型

〈実績〉発売以来、～人にご愛用いただいてきた○○○。
〈理由1〉それは～だから。

〈理由2〉～や～の配合で、快適な毎日を応援します。
〈結語〉～なときに、ぜひお試しください。

以上は文章パターンですが、各文の語尾を見ると、「です」ばかり、「ます」ばかりが続かないように変化がついていることがわかると思います。こうすると文体にリズム感が出て、気持ちよく読むことができます。

ボディコピーは、言葉は悪いのですが、ダマして読ませるようなものです。短く、歯切れよく、キャッチコピーにも使える強い表現をちりばめ、「気がついたら締めの一文を読んでいた……」となれば最高です。

どうしても文章を書くことが苦手という方は、お客様に説明を求められたと仮定して回答をしゃべってみてください。それを書き起こして整理すると、自然な説明文になっているものです。

3 売れる言葉のセットを武器として用意する

キャッチコピーにメリットも根拠も盛り込みたいけれど、長くなりすぎてしまう。そういうときはメインのキャッチコピーでメリットを言い、その根拠をサブキャッチコピーやボディコピーで言うようにすればいいのです。

あるいは、メインで「何のこと？」と思わせ、サブで納得させるやり方もあります。わからないけれどおもしろそう、なんだかスゴイと思ってもらい、興味・関心を引く。それを受けたボディコピーで納得させるのです。

■「1行＋18字＋120字」を用意する

まず、「この商品の価値はどういうものなのか」を短く**「定義」**する1行を用意します。

その内容は、「いつ、誰が、何のために使うもの」、「誰が、どう使って、どう便利」、「普通とはここが違う○○」のようになります。おもしろくはありませんが、瞬間的に伝えるためには必要な1行です。

誰でも知っている商品なら不要なこともありますが、役立つ斬新な商品ほど定義する1行は欠かせません。ウチの商品を一言で説明するとどうなるのか、何のためにあるのか、を書いてください。

この1行を、コピーライターは商品ショルダーや商品スローガン、またはカッコよくタグラインと呼びます。


次に、**メリット**をしっかり伝え、買う理由をつくる**キャッチコピーを12字〜18字**ほどで書きます。いわゆる**メインのキャッチコピー**です。あなたの商品を買う理由を、ぜひ伝えてください。

メインのキャッチコピーの他に、サブキャッチコピーやリード文を組み合わせるのもよいでしょう。メインとサブのキャッチコピーは、質問と答えの関係や、「何が」、「どうした」の掛け合いのように書く方法もあります。


そして、**120字のボディコピー**を書きます（80字から200字であればよい）。

１２０字では短いのではと感じるかもしれませんが、長い文章は読んでもらえません。ここは簡潔に説明しましょう。

こうしてつくった売れる言葉のセットは、ウェブやカタログ、チラシなどでブレずに踏襲して使っていきます。ボディコピーの部分は暗記しておいてください。何もツールを持たずに見込み客に出会ったときに暗唱すると、そのままで効率よく伝わるセールストークになるからです。

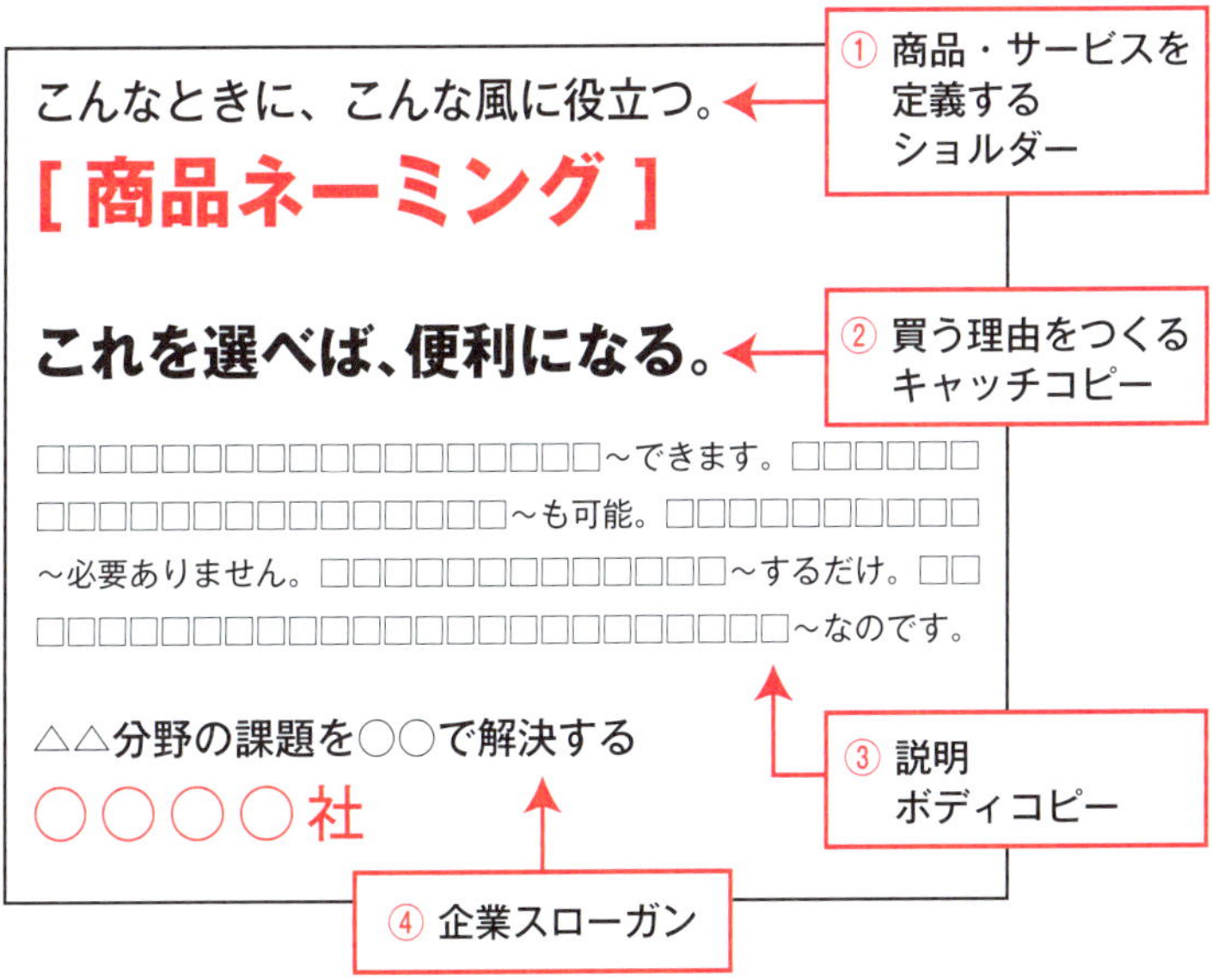
こんなときに、こんな風に役立つ。
[商品ネーミング]
これを選べば、便利になる。
□□□□□□□□□□□□□□□□□□□□□□~できます。□□□□□□□□□□□□□□□□□□□□□□□□□□□~も可能。□□□□□□□□□□~必要ありません。□□□□□□□□□□□□□□□~するだけ。□□□□□□□□□□□□□□□□□□□□□□□□□□□□□□~なのです。
△△分野の課題を○○で解決する
○○○○社
① 商品・サービスを定義するショルダー
② 買う理由をつくるキャッチコピー
③ 説明ボディコピー
④ 企業スローガン

4 お客様を呼び込む企業スローガン

まずは、次の企業スローガンを見てください。あなたもどこかで見たり聞いたりしたことがあるでしょう。

- 人も地球も健康に（ヤクルト）
- 今日を愛する。（ライオン）
- A Better life, A Better World（パナソニック）
- Drive your dreams.（トヨタ自動車）
- 水と生きる（サントリー）
- あったらいいなをカタチにする（小林製薬）
- カラダにピース（カルピス）

その書きっぷりは、大企業だけあってひじょうにイメージ的です。大手なのに抽象的(中小のシャレ)。それもそのはず、彼らが扱っているのは国民全員がターゲットともいうべき商品です。何かに絞り込んだメッセージにすれば、外れた事業部からクレームがつくでしょう。

そのため、ふわっとした、ブランディングともいうようなスローガンにならざるをえないわけです。でも、それでいいのです。知名度は抜群なのですから、消費者に再確認をしてもらえれば充分なのです。

それに対して、今度は中小企業が実際に使用している企業スローガンを見てください。

- **計量・包装・検査システム**（イシダ）
- **どんなバルブもすぐ揃う**（フローコントロール）
- **長年の経験と実績から漏れ検査をサポート**（コスモ計器）
- **インダストリアルキャスターの専門メーカー**（内村製作所）
- **非鉄金属のエキスパート**（アルコニックス）

これらは、ずいぶんと趣きが違いますね。

「計量・包装・検査システム」なんて、その会社のメニューです。「どんなバルブも」と言われても、私たちは日常、あまりバルブを買うことはないわけです。

このように、中小企業の企業スローガンは「スローガン」などというカッコいいものではなく、**会社自体の販売促進のキャッチコピーになっている**のだと気づきます。つまり、大手企業と中小企業とでは、企業スローガンの役割がまったく違うのです。

この、販売促進の役割を果たすキャッチコピーがあるのか、ないのか。あるならば、名刺にきちんと刷り込まれているのか。社用車のボディにプリントされているのか、看板に表示されているのか、休日に降ろされたシャッターに印字されているのかなどを確認してください。

どこで見込み客が見てくれるかわからないのです。100人に一人かもしれませんが、「これは、今ウチが困っていることを解決してくれる会社かも？」と受けとめられ、商談がはじまらないとも限りません。

早速つくって、活用してみてください。

5 商品ライフサイクルを考慮する

商品にはライフサイクルというものがあることをご存知でしょうか。

商品の売れ方を時系列でグラフにすると山型となり、左右対称になる傾向があります。

つまり、発売後すぐに売れる商品は、飽きられるのも早い。売れるまでに時間がかかった商品は、市場から姿を消すまでの時間も長くかかるのです。

例えば『AKB48』は売れるまでずいぶんと時間がかかり、ガマンできずに辞めてしまったメンバーも多く出ました。結果的には売れて、『恋するフォーチュンクッキー』の頃にピークを迎え、国民的アイドルグループの地位を固めました。

今は乃木坂46や欅坂46に人気が移りつつありますが、それでもAKB48の人気はまだまだ続くはずです。


担当した商品が、今ライフサイクルのどの局面にあるのか。それによって、キャッチコピーの内容も変わってきます。

まず、ニーズや不満が顕在化していない場合、ニーズを掘り起こすキャッチコピーを書かなければなりません。新機軸の商品なのに、凝ったキャッチコピーを書くと、消費者は理解してくれません。新しいカテゴリーをつくるような商品の場合、大手企業であっても「どういう使い方をする、どんな商品であるのか」をまず伝えなければならないのです。

カップヌードルを例に考えてみましょう。新発売の当時、消費者はこれがどういう食品なのかわかりませんでした。このときにイメージ的なキャッチコピーを使ってしまうと、「?」と「?」の掛け合わせとなって、何のことだかわからなくなります。

この段階では**「お湯を入れて3分待てば、ラーメン・タイム!」**のようなベタなキャッチコピーがよいのです。

少し認知が広がった段階では、今度は利用シーンの提案やユーザーを育成するメッセージで市場拡大をはかります。**「アウトドアでもホットでおいしい」**、**「お手軽ランチにぴったり」**のようなキャッチコピーです。

そして、類似品が出回ってくる頃になると差別化が必要になります。**「麺を蒸しあげる**

独自製法」、**「濃縮されたスープの旨味が違います」**などのキャッチコピーの出番です。

やがて、人気が落ちてくると人気キャラクターとのコラボを企画します。**「いまだけ！ガンダムパッケージ」**のように。その後は、スーパーで特売の目玉になったりしながら市場から撤退していくルートをたどるのです（注：カップヌードルはまだまだ人気商品ですよ）。

ちなみに、中小製造企業の場合、どんな商品なのかをわかってもらうキャッチコピーが必要な場合がほとんどです。なぜなら、あなたの商品は大手企業と一般市場で戦うようなコモディティ（ありきたりの日用品）ではないはずだからです。

商品ライフサイクルに応じたキャッチコピー

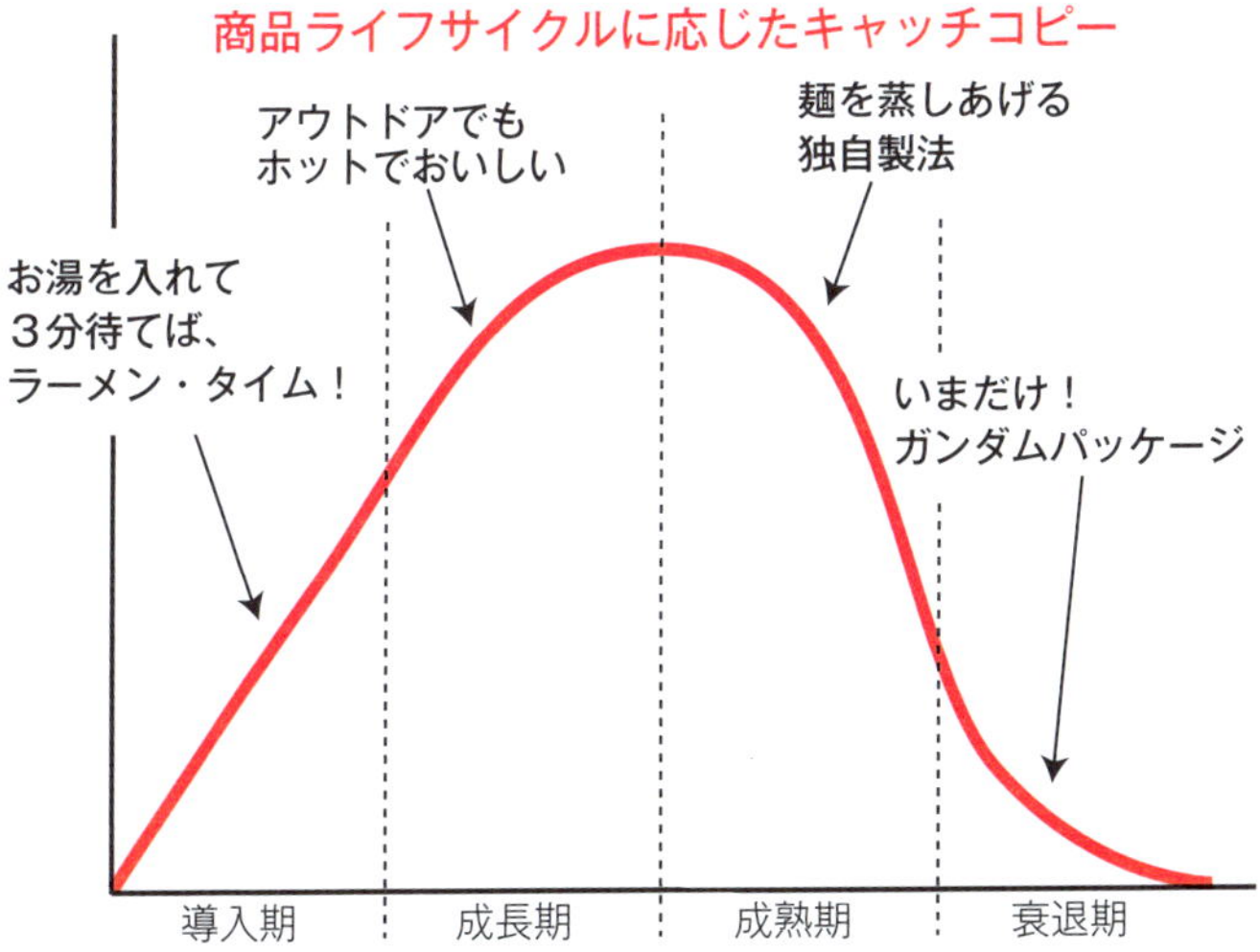

お湯を入れて
3分待てば、
ラーメン・タイム！
アウトドアでも
ホットでおいしい
麺を蒸しあげる
独自製法
いまだけ！
ガンダムパッケージ
導入期
成長期
成熟期
衰退期

6 右脳商品か？ 左脳商品か？

右脳商品とは、イメージや感覚で買われる衣料品や化粧品などを指します。左脳商品とは、メリットや根拠に納得して買うことを決めるパソコンやクルマなどのことですね。

両者のキャッチコピーは、同じトーンではなく、書きわける必要があります。右脳商品の場合、夢のない表現では買いたいスイッチがオンにならないのです。

とくに女性向けの商品では右脳的表現を検討する必要があります。

女性は、こだわりや仕様、原材料などの訴求よりも「どう美しくなるか、どう便利か、どうおいしいか」という、自身にとってのメリットを気にする意識が、より強い傾向があります。

その一方で、男性的な脳の使い方をする女性が増えているのも事実です。一時期、おやじギャルとか、女性のオジサン化などと言われたこともありました。

そこで、ヘアケア商品のような右脳商品のチラシをつくるときに、オモテ面はキレイな黒髪のモデルさんのイメージ写真（右脳向け）だけれど、ウラ面には説得データ（左脳向け）を掲載するというやり方もあります。

説得データは、髪のキューティクルがこんなに整いましたという顕微鏡写真や、保水分の推移データのグラフ、満足しているご愛用者の声などを使用します。

企業同士の取引では「そのメリットを実現できる根拠とデータを出してください」と、担当者は理詰めできます。

しかし、女性の場合は抱えている悩みや課題、つらさに共感することがまず大切です。そのあとに問題解決できることを告げるのです。

キャッチコピーやボディコピーの表現も、癒やす文章のタッチにしましょう。解決より、まず共感です。また、人と同じで安心する傾向も強いため、**「3分に1個売れています。」**、**「当店人気ランキングベスト3」**のような表現がチカラを持ちます。

7 漢字？ ひらがな？ それともカタカナ？

パソコンで文書をつくると、日本語変換ソフトがとりあえず漢字に変換してしまうため、漢字比率の高い文章になりがちです。けれども、漢字ばかりの文章は、読み手から敬遠されます。

見た目のバランスで判定すると、かなと漢字がほどよく入っているほうが美しくなります。そのため、キャッチコピーを書くときも、漢字とかな、カタカナの割合に注意して美しく見えるようにします。

そもそも漢字は重みがあり、表意文字として固有の役割をもちます。そして一瞬で意味合いが伝わる便利さもあります。とはいえ、漢字ばかりの文章は難解に映りますし、読み方のわからない熟語もあるかもしれません。

一方、かなは平易に読めるという特徴があります。大和言葉風のやわらかさ、女性らしさも出ます。また、カタカナは軽さやカジュアルさを思わせる性質もあります。

1行のキャッチコピーが、漢字ばかりではうんざりですし、かなやカタカナのみでも読みづらい。

次のキャッチコピー例は、携帯できるアロマ芳香器のために書いたものです。

● わたしをいやす香りのパワー（タニタ）＊弓削：作

これを漢字を使って書くと、「私を癒す香りの力」となります。まず「私」が漢字だとオフィシャルなイメージが入り込むので、ひらがなにしました。

しかし、「癒す」をひらがなにするかどうかは、最後まで悩みました。意味はヒーリングなのに、漢字にすると部首が「病ダレ」で深刻な感じを与えます。でも、「癒」は表意文字。その画数の多さで、文章の文鎮にもなってくれる。いやいや、読み方がわからない人も3～5%はいるだろう。あれこれ思いをめぐらせて、前掲のものに決めたのです。

「強い言葉」というほどでもないので、第3章では触れませんでしたが、カタカナもチカラをもっています。例えば、双眼鏡のキャッチコピーのケースです。

● **紫外線から瞳をガード。**（オリンパス）＊弓削：作

カタカナを使わずに書くと、「紫外線から瞳を保護」となります。けれど、これでは保守的な主張に見えてしまい、新しい技術性を感じさせません。そこで保護をガードに置き換えたのです。

このように、漢字・漢語をカタカナに言い換えると、新しさやカジュアルさ、引っかかりが生まれます。

前出のアロマ芳香器でも「力」ではなく、パワーとしました。もちろん、「チカラ」とするやり方もあります。

商品の性質に合わせて、使い分けてください。

8 「、」と「。」の入り方も気になる

一語だけの強いキャッチコピーもありますが、多くの場合、キャッチコピーは文章です。語りかける文章としての体裁を整えるために、「、」や「。」を入れます。

年齢はアクセサリー

←

年齢は、アクセサリー。

それによって「句」ではなくなり、素通りされない独立した文章として着地します。空間が生まれ、説得する時間をもらったような気がするのです。

逆に、タイトルやネーミングであれば、「、」や「。」は美しくないので使いません。キャッ

チコピーであっても「。」を入れないこともあります。

「、」や「。」が、チラチラと視覚をじゃまする記号と堕してしまう場合があるからです。

しかし、こうした細かな部分を普通の人はあまり気にしないでしょう。こんな風に文章の見え方に神経を使うのは、コピーライターの独りよがりかもしれません。

第7章

ウェブサイトで伝わる
コピーライティング

1 「流し見メディア」のウェブで読まれる方法

ウェブでは文章を「読む」のではなく、「見る」のだ、などと言われます。あるいは、紙に比べて読むのが遅くなり、その80％は流し見されるという研究もあります。

ただでさえ、注意力がどんどん散漫になっている時代です。見るより、眺める。そうなると、拾い読みでも伝わる強いキャッチコピーや本文を心がける必要があるでしょう。あとは、いかにターゲットにとって役立つ情報や、おもしろそうだと感じてくれる話を振っていくか。話の先が気になってしまい、説明ボディを読み進めてくれるようなキャッチコピーやタイトルを書くことが求められます。

■読まれるウェブ文章のポイント

・重要なことは前半に書く

文章のはじめや、大きな文字しか読まれないこともあります。そのため、キャッチコピーや前半から魅力的な内容を書いていかなければなりません。

そして、それによって後半も読みたくなるようにしていくわけです。

グーグルの検索エンジンも人間と同じで、ポイントの大きいタイトルを重視します。その中でも冒頭寄りの（横書きなら左寄り）のキーワードを重要なものと認識します。

・テストで定着表現を選ぶ

スプリットテストで反応率の高い表現を選び、使っていくやり方です。スプリットテストとは、異なる2種のキャッチコピーなどをウェブ上でランダムに表示させ、どちらの表現がより多くの成約や資料請求に結びついたかをテストするもの。どのウリがいちばん刺さるのかを知りたいときにも有効です。

こうしたテストでよい成績を上げた表現パターンを活用することで、成約率は高まります。低コストでテストできるウェブで得られた結果を、コストがかかる印刷物や広告などに展開していくと効率的です。

・あおりタイトルはほどほどに

キャッチコピーやメルマガのタイトルも、センセーショナルなあおりを使うと、短期的にはアクセスや開封率が高まることと思います。

たまに見かけるのは、「逮捕されました」、「怒りが収まりません」などの表現。けれども、ビジネスを長期で見たときにはあきらかにマイナスですので、ご注意ください。

2 リスティング広告のキャッチコピー

リスティング広告とは、ウェブ検索結果の上下や右側に表示される文字タイプの広告です。何かの課題を抱えて検索している人に、その解決策となる商品の広告を表示できるので、「今すぐ客」を見つけるのに最適です。

リスティング広告の基本は、クリックする理由となるキャッチコピーを書くということです。第3章でお伝えした強い言葉を参照しつつ、第4章で紹介したキャッチコピーの表現パターンを使って書きましょう。ここでは、リスティング広告ならではのひな型を紹介します。

（1）クイズ／物語型

クイズになっているキャッチコピーをクリックすると答えが見られる、または物語の結末がわかる、アンケートの結果がわかる、など好奇心を刺激するパターンです。

- 不動産投資3つの落とし穴、教えます
- 内定を決めた僕に彼女が送ってきたメールとは？

(2) 具体的型

とくにリスティング広告では、イメージ的なメッセージはNGです。身もフタもなく、具体的なメッセージを書いてください。

× 高品質シャンプーで髪、美しく
○ アミノ酸成分が、傷んだ髪を修復

- 3ヵ月で痩せた人、続出！

また、**「相続問題専門税理士」**のように絞り込んだ訴求が適しています。

（3）地域限定型

地域名を入れての検索は、地元で問題解決をしたいニーズによるものです。キャッチコピーもそれに応える内容にします。

- **台東区で人気の歯科医**
- **掛川市で100年続く建築会社**

（4）オファー型

特典・オファーがあるなら明解に書きます。**「今なら特典あり」**、**「30%オフ」**、**「在庫一掃セール中」**、**「見積り無料」**、**「今なら○○が無料」**、**「無料体験」**、**「先着○○名無料」**など。

また、商品の知識が欲しい、決定に迷っているお客様には**「小冊子プレゼント」**が有効です。タイトルは**「～できる5つの方法」**、**「～に成功する5つの秘訣」**などにします。

（5）成果保証型

購入を迷う人に、リスクのない契約ができることを訴求します。

- **成果がなければ全額返金**
- **顧客満足度92％**
- **支払いはコスト削減額の20％のみ**

（6）価格訴求型

もう買うことは決めている「今すぐ客」の場合、知りたいのは価格や送料無料かどうか。低価格や割引などをダイレクトに書くパターンです。

キーワードとしては、**「〇〇が1000円から」**のようなズバリの金額の他、**「格安」**、**「激安」**、**「送料無料」**、**「即日発送」**、**「初期費用なし」**などです。

3 ランディングページはこの流れで書く

リスティング広告でクリックしたときの訪問先となるウェブサイトが、ランディングページです。企業サイトなどとは異なり、商品を買ってもらうために特化した情報提供をする目的でつくられます。

文章作法としては、有用なサイトであると多くの人に考えてもらえるようなものであること。そして、狙いたいキーワード、検索されるキーワードを適宜、入れ込むことです。

ＢｔｏＢのランディングページであれば、伝えるべきメリットを順に書いていく構成になります。個人向けでも低価格品ならトライアルの敷居が低いため、メリットをどんどん述べていけばいいでしょう。

ただ、個人向けの高額品の場合は説得のストーリーが重要になります。その語り方については、先人が効果的なひな型をつくってくれていますので見てみましょう。

●PASONAの法則

P：Problem　問題の提起
A：Agitation　危機感をあおる
SO：Solution　解決策の提示
N：Narrow down　絞り込み・限定
A：Action　行動を呼びかける

●QUESTの法則

Q：Qualify　対象者の絞り込み
U：Understand　悩みへの共感
E：Educate　解決策への理解
S：Stimulate　ニーズの刺激
T：Transition　意識の変化

以上のような公式を、さらに効果を生むランディングページとなるように項目を追加して整理すると、次のような流れになります。

・ターゲットに呼びかけるキャッチコピー／リード
・課題、悩みを提起する（Aさんも困っていました）
・解決策の提示
・実績、効果の証明（実証データ、他の方法がダメな理由）
・お客様の声、権威からの推奨
・限定特典のオファー
・行動しない場合の不利益
・注文、申し込みの説明
・Q&A

そして課題を提起する部分に物語の要素を添えていくことで、より説得力が高まります。物語は小説などをお手本にしてもよいのですが、いくつか導入の参考例をあげておきます。いずれにしても、先を読みたくなる文章運びができればよいのです。

● 物語の導入例

（困りごと）

「ぎっくり腰がクセになって悩んでいた頃のことです。」

「あなたも心当たりがあると思いますが、運動をする時間がなくて……」


（不思議な導入）

「とつぜん、窓の外で変な音が響きました。」

「いつも通っていたお店が、今日に限ってシャッターを降ろしていました。」


（興味深い予告）

「なぜ、うちの子のアトピー性皮膚炎が治ったのかを詳しくお話しします。」

「どうしても食事を我慢できず、太ってしまい……」のように「太ってしまった」物語にするなら具体的に書く必要があります。**「85キロを超えたので……」**と数値を入れるのもよいでしょう。

また、**「もう、ユニクロではサイズがない状態」**、**「持っているジーンズが1本もはけなくなり」**など、リアルであればあるほどよいのです。

基本的に、商品は問題解決のためのものです。問題を抱えたお客様は、誰にも遠慮することなく、リアルな悩み、コンプレックスのワードで検索してランディングページにたどり着きます。

その場所には、悩みへの具体的な共感と解決がなければなりません。もしもあなたに悩みがなければ、ヤフー知恵袋を見てください。そこにはさまざまな立場の人の悩みがつづられていますから。

4 インスタ映えするキャッチコピーとは？

インスタ映えとは、SNSであるインスタグラムに投稿したときに映える写真ということです。「写真を撮りたくなる」商品や店舗、メニューを開発することは拡散効果が抜群であるということです。では、SNS時代に有効なキャッチコピーとはどのようなものか。

街の飲食店や地方の地場スーパーなどで、ヘンなキャッチコピー、ヤケクソのPOPが掲示されるとします。すると、それを発見した人がおもしろ半分でインスタグラムやツイッター、フェイスブックなどのSNSで拡散。その投稿を見た人が、実際にその店にお客としてやってくるという現象が各地で起きているのです。

10万人以上がツイートして、商品も売れた広島のスーパーのカツ丼弁当のキャッチコピーがこちら。

● 太ってから痩せろ。

長崎の鮮魚店で商品につけられたPOPは、

● 当店の魚はすべて死ぬまで生きていました?!

これは数万リツイートされたと言います。

● 一言で表せば、、『発注が多すぎた。』それに尽きるんです。

これは山梨県北杜市の地場スーパー『ひまわり市場』で、売れ残り品を値引きするワゴンにつけられたPOP。このお店は、POPがおもしろいとしてテレビのビジネス番組でも紹介されました。その結果、今では他府県からも多く訪れる名物店に。減少を続けていた売上高も、POP活用に取り組み出してから1割増えたと言います。

一方、静岡県の、おかずがいろいろ入ったお弁当のネーミングはズバリ、**「インスタ映えを狙ったお弁当」**。

しかし、ややダークな色調であったため、「これで映えるか？」とツッコミを入れたくなる人が続出して、お弁当の写真とともにリツイートが相次ぎました。

以上のうちのいくつかは、もしかしたら拡散を狙った上での炎上商法だったのかもしれません。想定どおりに拡散するかどうかはわからないものの、おもしろキャッチコピーが宣伝にひと役買う、新しい現象となっていく可能性はあります。

5 指名検索されることを意識する

通常、SEOを考えるのはカテゴリー検索に対してです。

例えば、「ケータイ」や「スマホ」で検索されたとき、できるだけ自社サイトが上位表示されるような対策を行います。

これに対し、「iPhone」や「アンドロイド」など特定のブランド名やネーミングで検索されることを指名検索と呼びます。この指名検索への対策はあまりとられていないことが多いようです。

ところが、指名検索の比率は決して小さくありません。

電通クロスメディアの調査によると、「最近1ヵ月に商品名やサービス名で検索をした」は78・2%、同じく「企業名で検索をした」は43・5%でした。

せっかく自社名や商品名で検索をしてくれた見込み客が、適切なウェブサイトにたどり着けないとなると大問題です。社名や商品ネーミングを決めるとき、指名検索されやすさを考えないと後悔することになります。

最近では、お笑い芸人も指名検索を意識してコンビ名を決めているケースが増えています。

例えば、『オリエンタルラジオ』は、コンビで好きな言葉を出し合って候補をいくつかあげ、その中から検索結果が当時0件だった名前を選びました。

また、『ウーマンラッシュアワー』は、好きな映画のタイトルを組合せ、検索したときに1番に出るように狙って、戦略的にネーミングしたそうです。

『バイきんぐ』は、当初『バイキング』でした。ところが、エゴサーチをするとレストランばかりが表示され、自分たちのコンビ名がまったく表示されなかったため、表記をあらためました。

『NONSTYLE』の場合は、好きなバンドに似た名前を考えていき、検索でトップになるように造語を工夫したと言います。

6 指名検索から見た避けるべきネーミング

■読みづらい、記憶しづらいネーミング

読みづらい漢字や英単語が入ると、すんなりとは読んでもらえません。『吉四六』（きっちょむ）などは、知らなければ読めないでしょう。読めなければ、当然検索してもらえません。

また、長い文章ネーミングが一時、流行しましたが、覚えてもらえなければ検索に結びつきません。

桃屋は『辛そうで辛くない少し辛いラー油』で注目されましたが、欲しいと思った見込み客が「食べるラー油」で検索をすると、1位表示されるのはエスビーの商品でした。

■入力に迷うネーミング

同音異義語の多いネーミングや、漢字仮名まじりで表記ゆれがあるネーミングも問題で

す。大手企業の有名商品であれば検索エンジンが「もしかして」と結果を表示してくれるのですが、中小企業の新製品ではそうはいきません。

■他業種のビッグワードと同じネーミング

検索される回数がとくに多いキーワードを〝ビッグワード〟と呼びます。例えば、「カードローン」、「ラーメン」、「脱毛」のようなキーワードです。

こうしたビッグワードと同じネーミングにしてしまうと、自社の商標なのに上位表示されず、埋もれてしまいます。

例えば、軽量化に成功した細い折り畳み傘に『ダイエット』とネーミングしたとします。このダイエットは、まさにビッグワード。この場合、SEO対策費やリスティング広告の料金はとんでもなく高額になってしまいます。

同様に、ウェブで頻出する一般的な言葉もNGです。

例えば「天気がわかる湿度計」に『天気予報』とシンプルなネーミングをしたとします。すると、検索結果には一般サイトばかりが表示され、埋もれてしまうのです。

■ドメインが取れないネーミング

キャンペーンサイトを立ち上げるとき、商品ネーミングそのままのドメイン（ウェブサイトのアドレス）が取れると、アクセス誘導もやりやすくなります。ところが、すでに他社でドメインが取得されていてはスムーズなアクセスを期待できません。

そのため、ネーミングの最終候補を絞り込む際、ドメインが取得できることを先に確かめておく必要があります。

おわりに

柔よく剛を制す。言葉よく大を制す。

筑水キャニコムという農機具メーカーが福岡県にあります。その社名はご存知なくても、『草刈機まさお』や『芝耕作』というパロディ・ネーミングはお聞きになったことがあるのではないでしょうか。

これらのネーミングは、同社のだじゃれ好きな会長が考えているもの。テレビ番組で紹介されたり、ネーミング大賞を受賞したりしています。そのおかげで、失礼ながら会社のスケール以上の認知度を獲得することに成功していると思います。

しかしその後、電動工具メーカーで一部上場企業のマキタが、草刈機の商品キャラクターに草刈正雄氏を起用してテレビでCMをバンバン流したのです。

さすがは大企業です。名前をちょろっと拝借している筑水キャニコムを尻目に、本人をCMキャラクターに起用できてしまうのですから。

ところが、業界内ではマキタが後追いをしたとか、こりゃ筑水キャニコムのパロディだという受け止め方をされました。

一方は、CM制作とキャラクター契約料、放映料で数億円を使い、もう一方は、会長が笑いながらネーミングしたのでコストはゼロ円。にもかかわらず、同じ土俵で比較をされたのです。

もしかしたら、CMを観たお客様が、ホームセンターで『草刈機まさお』のほうを買っていったんじゃないかと想像すると、おかしくて仕方ありませんでした。

誰かが言っていました。

「キャッチコピーの技術とは、空中からお金をつかみとるスキルだ」と。

資本力に劣る小さな会社であっても、言葉やアイデアのチカラを使えば、大手企業をも凌駕する。キャッチコピーやネーミングに知恵を出せば、小が大に勝てる瞬間があるのです。

もちろん、キャッチコピーはあなたが書かなくても、広告会社やデザイン会社に発注もできますし、今は手軽にクラウドソーシングを活用することもできます。

しかし、商品のことを誰よりも長い時間をかけて考えてきたあなたこそが、答えを見つけなくてはならないのです。いいえ、あなただけが答えを見つけることができるのです。

でも、それは正解でなくてもいい。

ただ、正解に近づくことができるのは、あなたが商品の細部や背景を知っていて、商品を手にしたお客様の笑顔やありがとうや苦情・クレームを数え切れないほど見聞きしてきたから。

そのあなたに、本書のようなノウハウを生かし、キャッチコピーを書いてほしいのです。

おもちゃの鑑定師・蒐集家《しゅうしゅう》として知られる北原照久さんは言葉にも造詣が深く、「感謝とは、感じる言葉で射抜くこと」と分解してみせています。

キャッチコピーも、同じです。どんな言葉を選んだら、お客様の心に届くのか。困っている人、希望をかなえたい人に、何と告げればわかってもらえるのか。その言葉にたどりつけるのは、きちんと感謝でき、感動できる、まっとうな心の持ち主に違いない。

よく小説やエッセイなどは行間から書き手の人柄がにじむ、と言われます。それはキャッチコピーも同じです。キャッチコピーには、書き手が体験したこと、考えたこと、心にとどめていることしか出てこないのです。

つまり、キャッチコピーは人そのもの。

このことを常に心に置いていただけるよう、自戒を込めて申し上げたいのです。


最後になりましたが、本書出版の機会をくださった明日香出版社の久松圭祐さんに、心より感謝を申し上げます。

また、こりずに私をご評価してくださる支援先企業の皆さま、講師にお呼びいただいた全国の商工会・商工会議所、経済団体のご担当者様、そのセミナーにご参加になり、ご質問、ご相談をしてくださった方がたに、心よりのお礼を申し上げます。

そして、本書を最後までお読みいただいたあなたに、同じ課題と戦い続ける同志として、ありがとうを言わせてください。

２０１９年1月　弓削 徹

購入者特典

上手に書けなくても大丈夫。

①あなたのキャッチコピー、添削します!

あなたが考えたキャッチコピーを、著者が直接添削して改善作を提案します。

著者の話を目の前で聞ける。

②出張セミナー講師、いたします!

企業、団体様で、本書をご購入になったご参加者が30人以上集まれば、キャッチコピー作成セミナー講師として、無料出張いたします。

☆いずれもお申込みが予定数に達したら終了となりますので、お急ぎください。詳しい内容・条件は下記URL、またはQRコードからご確認ください。

www.yugetoru.com/book/tokutenc/

●セミナー、講演、執筆、取材のお問合せは

info@yugetoru.com

セミナーテーマ例

キャッチコピー作成、展示会活用、販路開拓、商品開発、ものづくりマーケティング他

著者
弓削徹（ゆげ・とおる）
コピーライター、マーケティングコンサルタント
東京・浅草生まれ。法政大学卒業後、広告代理店を経てコピーライターとして独立。SONY、サントリー、オリンパス、CASIO、雪印、JT など家電・IT から食品まで 2,200 社の“売れる言葉”を設計し、販売拡大に貢献する。
一貫して求めつづけているのは、よい広告ではなく「売れる」メッセージ、レジが鳴るキャッチコピー。[ノートパソコン] の名付け親。
現在は、日本の土台である中小企業を、その下から支えるマーケティングコンサルタントとして活動。企業と顧客の出会いを加速するパワフルな1行を書きつづけている。
各地の商工会議所で、キャッチコピーや販売促進などの講演・セミナー講師を 500 回以上務める。面白くわかりやすいと好評のキャッチコピーの書き方セミナーは、全国で1万人以上が受講している定番の人気講座。
ラジオ各局の情報番組にコメンテイター出演のほか、中小機構の販路開拓コーディネーター、震災復興支援アドバイザー、各都道府県の中小企業振興団体の派遣専門家を拝命し、地方支援にも力を入れている。
著書に『顧客は展示会で見つけなさい』、『転がす技術 なぜ、あの会社は畑違いの環境ビジネスで成功できたのか』（いずれも日刊工業新聞社）、『地方創生！それでも輝く地方企業の理由』（KK ベストブック）がある。

届く！刺さる!! 売れる!!!　キャッチコピーの極意

2019 年　1 月 23 日 初版発行
2023 年 10 月　6 日 第 18 刷発行

著者　弓削徹
発行者　石野栄一
発行　明日香出版社
〒 112-0005 東京都文京区水道 2-11-5
電話 03-5395-7650
https://www.asuka-g.co.jp
印刷　美研プリンティング株式会社
製本　根本製本株式会社

ISBN 978-4-7569-2009-6

既刊本のご案内

使えないとアウト！

30代からは マーケティングで稼ぎなさい

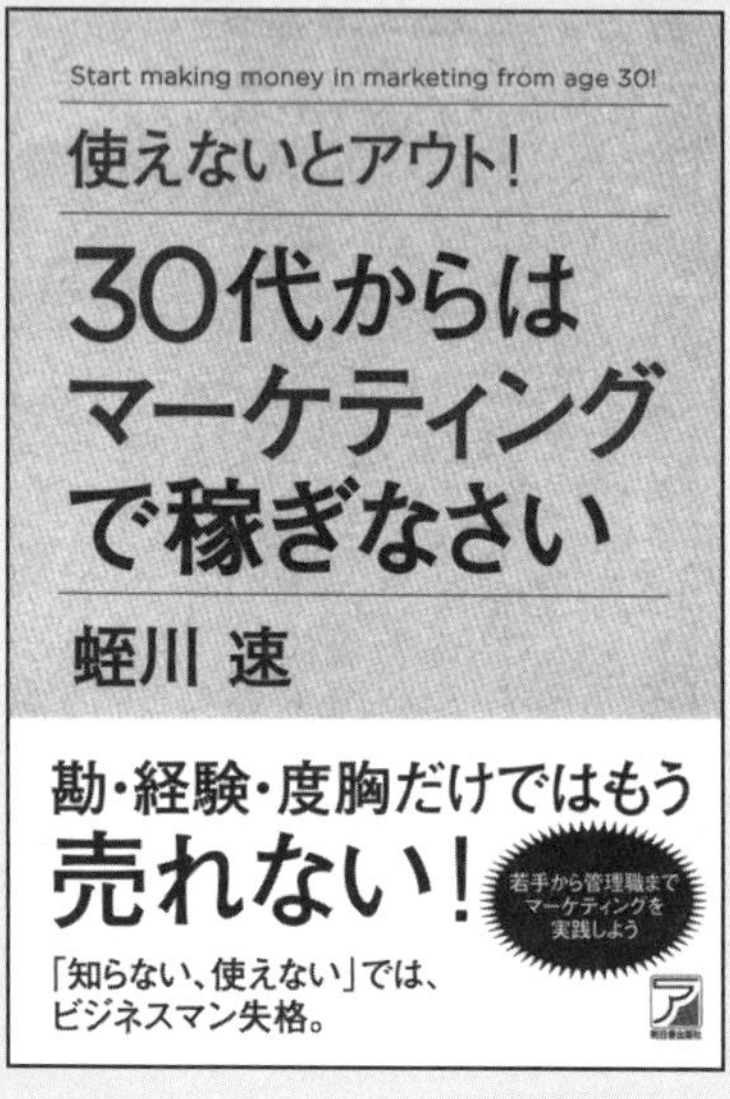

蛭川 速 著

ISBN978-4-7569-1845-1
本体 1500 円＋税　B6 判　256 ページ

ビジネス実務に役立つマーケティングの考え方、活用方法を身につけることができます。

知識を得るための一般的なマーケティング本ではなく、実戦で活用することを念頭に置いて構成しました。基本的な知識を得たうえで、マーケティングを使いこなすための思考法と情報収集・分析スキルを解説しています。